D I E U

EST UN

FAISEUR

DE MARIAGES

Derek et Ruth Prince

ISBN 978-1-78263-1311-6

Originally published in English under the title "God is a Matchmaker".

ISBN 0-85007-9058-8. Twelfth printing August 1993.

French translation published by permission. Copyright September 1997 Derek Prince Ministries-International, P.O. Box 19501, Charlotte, North Carolina 28219-9501, USA.

Traduit par Florence Boyer.

Sauf autre indication, les citations bibliques de cette publication sont tirées de la traduction Louis Segond "Nouvelle Edition".

Publié par Derek Prince Ministries France, année 1997.
Dépôt légal: 3-ième trimestre 1997.
Deuxième impression 2-ième trimestre 2000.
Troisième impression, 2-ième trimestre 2006.
Quatrième impression, 1-ième trimestre 2011.
Cinquième impression, 3-ième trimestre 2012.
Couverture faite par Damien Baslé, www.damienbasle.com
Imprimé en France

Pour tout renseignement, et pour obtenir un catalogue de tous les livres et toutes les CD's et DVD's de Derek Prince disponibles, merci de contacter:

DEREK PRINCE MINISTRIES FRANCE
9, Route d'Oupia, B.P.31, 34210 Olonzac FRANCE
tél. (33) 04 68 91 38 72 fax (33) 04 68 91 38 63
E-mail info@derekprince.fr* www.derekprince.fr

BUREAUX DE DEREK PRINCE MINISTRIES

Derek Prince Ministries International/USA
P.O. Box 19501
Charlotte, NC 28219-9501 Etats-Unis
tél. (1)-704-357-3556
fax (1)-704-357-3502

Derek Prince Ministries Angleterre
Kingsfield
Hadrian way
Baldock SG7 6AN Angleterre
tél. (44)-1462-492100
fax (44)-1462-492102

Derek Prince Ministries Afrique du Sud
P.O. Box 33367
Glenstantia 0010 Pretoria
Afrique du Sud
tél. (27)-12-348-9537
fax (27)-12-348-9538

Derek Prince Ministries Australie
1st floor, 134 Pendle Way
Pendle Hill
New South Wales 2145
Australie
tél. (61)-2-9688-4488
fax (61)-2-9688-4848

Derek Prince Ministries Allemagne
Schwarzauer Str. 56
D-83308 Trostberg
Allemagne
tél. (49)-8621-64146
fax (49)-8621-64147

Derek Prince Ministries (IBL) – Suisse
Alpenblickstr. 8
CH-8934 Knonau
Suisse
Tél: (41) 44 768 25 06
Email: dpm-ch@ibl-dpm.net

Derek Prince Ministries Canada
P.O. Box 8354
Halifax N.S. Canada B3K 5M1
tél. (1)-902 443-9577
fax (1)-902 443-9577

Derek Prince Ministries
Pays-Bas/EE/CIS
Edisonstraat 103
7006 RB Doetinchem
Pays-Bas
Phone: 0251-238771
fax (44)-1582-766777

Derek Prince Ministries
Pacific du Sud
224 Cashel Street
P.O. Box 2029
Christchurch 8000
Nouvelle Zélande
tél. (64)-3-366-4443
fax (64)-3-366-1569

Derek Prince Publ. Pte Ltd
Derek Prince Ministries
10 Jalan Besar
#14-00 (Unit 03) Sim Lim
Tower
Singapore 208787
République de Singapour
tél. (65)-392-1812
fax (65)-392-1823

DPM – NORVEGE
PB 129 – Loddefjord
5881 Bergen
NORVEGE
Tél: 47-5593-4322
Fax: 47-5593-4322
E-mail: Sverre@derekprince.no

3

**"Le mariage: une alliance"
➢ *En traitant l'une des choses pouvant être la plus profonde et la plus précieuse de la vie, Derek Prince explique ce que le mariage est avant tout aux yeux de Dieu: **une alliance**. Tout comme la Nouvelle Alliance de Jésus était impossible sans sa mort, de même l'alliance du mariage est impensable si les conjoints ne renoncent pas à leur propre vie.*

**"Façonner l'histoire par la prière et le jeûne"
➢ *Par ce livre Derek Prince donne des exemples aussi bien de l'histoire que de sa propre expérience, comme la combinaison puissante du jeûne et de la prière peut effectuer parfois un changement du cours de l'histoire pour une nation tout entière.*

**"Le chemin dans le saint des saints"
➢ *Cette étude vous guidera à travers le Tabernacle, pour finir dans le saint des saints: le lieu où la seule lumière vient de la Shekinah, la présence de Dieu lui-même qui reste sur le Propitiatoire. Une étude qui dépasse les enseignements de base, pour vous nourrir d'une richesse profonde et délicieuse.*

**"Le plan de Dieu pour votre argent"
➢ *Dieu a un plan pour tous les aspects de votre vie, y compris celui de vos finances. Dans ce livre, Derek Prince révèle comment gérer votre argent pour que vous puissiez vivre sous la bénédiction de Dieu et dans l'abondance qu'il a voulues et entendues pour vous.*

Et autres (mars 2011 92 titres disponibles).

Ecrivez à notre adresse pour recevoir gratuitement un catalogue de tous les livres et de toutes les CD's et DVD's de Derek Prince, des lettres d'enseignement gratuites (France et DOM/TOM uniquement) et pour être tenu au courant de toutes les nouvelles éditions, et toute autre nouvelle de:

DEREK PRINCE MINISTRIES FRANCE
9, Route d'Oupia, B.P. 31, 34210 Olonzac FRANCE
tél. (33) 04 68 91 38 72 fax (33) 04 68 91 38 63
E-mail info@derekprince.fr * www.derekprince.fr

TABLE DES MATIERES

INTRODUCTION

Le mieux est de commencer ce livre en expliquant ce qu'il n'est pas.

Tout d'abord, ce n'est un ouvrage ni de théorie, ni de théologie. Il ne traite pas de la vérité de façon abstraite. Au contraire, il prend ses racines directement et en profondeur des expériences de la vie réelle, de ma propre expérience.

Depuis maintenant plus de quarante ans, c'est ainsi que j'ai effectué les découvertes les plus importantes de ma vie spirituelle. Elles ne sont jamais venues à moi lorsque j'étais assis derrière un bureau, méditant sur des choses abstraites. La plupart du temps, elles étaient à la fois suggérées et confirmées par des situations vécues. C'est seulement par la suite, en les méditant à la lumière de la Bible, que j'arrivais à discerner les principes spirituels sous-jacents que Dieu m'enseignait.

Dans les chapitres deux et trois, je raconte la façon dont Dieu m'a conduit dans le mariage - tout d'abord avec Lydia, ensuite avec Ruth. Dans chaque cas, le chemin par lequel Dieu l'a fait correspond exactement au modèle biblique de base pour entrer dans le mariage.

La première fois, je n'ai pas vraiment compris ce que Dieu avait fait. Lorsque le modèle se répéta la seconde fois, je réalisai que pour chaque mariage, Dieu avait suivi le même modèle qu'il avait établi à l'aube de l'histoire humaine - un modèle dont il a ordonné qu'il ne change pas jusqu'à la fin des temps. C'est le modèle divin pour entrer dans le mariage qui représente le thème central de cet ouvrage.

Je dois expliquer également que ce livre n'essaie pas de donner un plan pour la vie maritale ou pour fonder une famille. Il existe bon nombre d'excellents livres disponibles sur ces thèmes. Mon but est plutôt d'expliquer les étapes qui nous conduisent à un mariage réussi. Un homme et une femme qui ne cherchent la direction de Dieu qu'APRES avoir échangé leurs voeux dans une église sont comme l'homme que Jésus décrit et qui a construit sa maison sur le sable. Trop souvent, un tel mariage ne résistera pas aux épreuves et aux pressions auxquelles il sera inévitablement soumis.

Ce livre vous aidera à répondre à quelques questions les plus importantes auxquelles la vie nous confronte: Comment puis-je savoir que le fait de me marier est la volonté de Dieu? Si tel est le cas, comment puis-je me préparer au mariage? Comment puis-je trouver le conjoint que Dieu a prévu pour moi?

Dans le chapitre huit, Ruth fait des suggestions spécifiques pour les femmes se préparant au mariage. Puis, dans le dernier chapitre, elle partage des détails très personnels de sa propre préparation pour devenir ma femme.

Le chapitre neuf donne des conseils aux parents, qui les aideront à guider leurs enfants à travers la phase difficile et dangereuse que représente ce moment de leur vie où ils devront affronter les problèmes émotionnels et spirituels qu'implique le choix d'un conjoint.

Le même chapitre donne un matériel constructif pour les pasteurs, les conseillers, les enseignants, ceux qui ont des ministères parmi les jeunes et tous les autres serviteurs de Dieu qui cherchent à conduire son peuple vers une vie d'accomplissement et de fécondité. Il n'y a aucun domaine où une saine instruction biblique soit plus nécessaire que dans l'application du modèle divin pour le mariage dans notre vie contemporaine.

Les chapitres dix et onze offrent de l'aide aux millions de personnes confrontées à des problèmes particuliers et critiques dans le domaine du mariage; ceux qui ont passé par l'angoisse du divorce, et ceux qui se destinent à vivre dans le célibat.

Il y a une autre catégorie de personnes à qui ce livre plaira: celles qui aiment les idylles vécues avec un zeste de suspense! Ruth et moi espérons que vous apprécierez cette partie de notre histoire. Et souvenez-vous, le suspense ne sera levé que lorsque vous atteindrez le dernier chapitre de Ruth "Rendez-vous au King David"!

Derek Prince, Jérusalem

1. A L'ECOLE DE L'EXPERIENCE

LES VOIX DE L'EPOUX ET DE L'EPOUSE

"L'Eternel Dieu forma une femme de la côte qu'il avait prise de l'homme, et il l'amena vers l'homme. (Genèse 2:22)

Dieu apparaît pour la première fois sur la scène de l'histoire humaine dans le rôle de celui qui choisit les conjoints. Quelle révélation puissante et excitante!

Il serait exagéré de suggérer qu'Eve est allée vers Adam au bras de l'Eternel lui-même, comme une fiancée s'avance aujourd'hui dans l'église au bras de son père. Quel esprit humain peut sonder la profondeur de l'amour et la joie qui remplit le cœur du grand Créateur lorsqu'il unit l'homme et la femme lors de la première cérémonie de mariage?

Ce récit est sûrement l'une des nombreuses preuves qui nous démontrent que la Bible n'est pas une œuvre d'autorité purement humaine. Moïse est généralement considéré comme l'auteur du récit de la création. Mais en dehors d'une inspiration surnaturelle, il n'aurait jamais osé ouvrir l'histoire humaine avec une scène d'une aussi étrange intimité - intimité d'abord entre Dieu et l'homme, puis entre l'homme et la femme.

Le portrait que Moïse peint ici de Dieu est totalement différent de l'art religieux que nous associons aux églises et aux cathédrales. En fait, on peut se demander si le portrait de Moïse trouverait sa place sur leurs murs ou sur leurs vitraux.

Non seulement l'histoire humaine commence par un mariage, mais elle est aussi prévue pour atteindre son apogée avec un mariage. Jean, à Patmos, nous décrit la scène dans Apocalypse 19:6-9:

"Et j'entendis comme une voix d'une foule nombreuse, comme un bruit de grosses eaux, et comme un bruit de forts tonnerres, disant: Alléluia! Car le Seigneur notre Dieu tout-puissant est entré dans son règne. Réjouissons-nous et soyons dans l'allégresse, et donnons-lui gloire; car les noces de l'Agneau sont venues, et son épouse s'est préparée, et il lui a été donné de se revêtir d'un fin lin, éclatant, pur. Car le fin lin, c'est la justice des saints. Et l'ange me dit: Ecris: Heureux ceux qui sont appelés au festin des noces de l'Agneau!"**

La scène que Jean nous décrit ici brièvement est une scène de triomphe, de louange et d'adoration, de fête et de splendeur et de joie impossible à contenir. Le plus merveilleux, c'est que c'est l'Eternel Dieu tout-puissant, le Créateur et le dirigeant de l'univers qui préside la cérémonie du mariage de son propre fils. Tandis qu'elle se déroule, le ciel et la terre s'harmonisent ensemble en une symphonie de louange et d'adoration telle que l'univers n'en a jamais connu.

C'est un signe caractéristique de la restriction biblique de ne pas essayer de décrire les sentiments des époux célestes. Aucun langage humain ne possède le vocabulaire nécessaire. C'est une zone de saint mystère, réservé au Seigneur lui-même et à tous ceux qui, avec zèle, se seront préparés.

De la Genèse à l'Apocalypse, du premier acte dans le jardin d'Eden au dernier dans les cieux, le thème central de l'histoire humaine est le mariage. A travers elle, Dieu n'est pas un simple spectateur. C'est lui qui débute l'action et encore lui qui l'amène à son apogée. Du début à la fin, il s'investit totalement et personnellement.

Lorsque Jésus est venu sur la terre pour que l'homme connaisse Dieu, son attitude envers le mariage s'est parfaitement harmonisée avec celle du Père. Tout comme l'histoire humaine a commencé par un mariage, Jésus a débuté son ministère public aux noces de Cana. Lorsque le vin manqua au beau milieu de la fête, Marie se tourna vers Jésus pour avoir de l'aide. Il y répondit en transformant quelques six cents litres d'eau en vin.

Et pas en vin ordinaire! Car le maître du banquet, après l'avoir goûté, appela l'époux et lui dit: **"Tout homme sert d'abord le bon vin, puis le moins bon après qu'on a beaucoup bu; toi, tu as gardé le bon vin jusqu'à présent."** (Jean 2:10)

Qu'est-ce qui a poussé Jésus à accomplir son premier miracle dans de telles circonstances? Quelle vérité importante nous a-t-il démontrée? La réponse est simple: il a montré l'importance qu'il attachait à la réussite du mariage. Si le vin avait manqué, l'époux et l'épouse auraient été humiliés publiquement et la noce se serait terminée dans la tristesse. Pour éviter un tel désastre, Jésus a libéré, pour la première fois sur la terre, sa puissance pour accomplir un miracle.

De plus, Jésus a veillé à accomplir ce miracle de façon à ce qu'aucun des invités ne sache ce qui s'était passé. Il n'a pas attiré l'attention sur lui. Il a montré que, pour chaque mariage, il n'y a qu'un seul centre d'intérêt: l'époux et l'épouse. Bien que ce soit Jésus qui ait accompli le miracle, la reconnaissance publique en est revenue à l'époux.

Dans son ministère d'enseignement, Jésus soutenait le plan du mariage initié à la création par le Père. C'est pour cela qu'il rejetait les normes du mariage de son temps. Alors qu'il était confronté à des pharisiens sur une question concernant le divorce, il répondit: **"N'avez-vous pas lu que le Créateur, au commencement, fit l'homme et la femme et qu'il dit: C'est pourquoi l'homme quittera son père et sa mère, et s'attachera à sa femme, et les deux deviendront une seule chair? Ainsi, ils ne sont plus deux, mais ils sont une seule chair. Que l'homme donc ne sépare pas ce que Dieu a joint."** (Matthieu 19:4-6)

Dans l'Ancien Testament hébreu, le titre du livre que

nous appelons la Genèse vient des premiers mots du livre "Au commencement". En répondant aux pharisiens avec cette expression, Jésus les renvoie délibérément au livre de la Genèse, et en particulier à la façon dont Dieu a uni Adam et Eve. Autrement dit, il soutient le plan du mariage ordonné par le Père comme étant encore valable pour lui, et comme seule norme divinement établie. Il refuse de cautionner une norme inférieure.

Les pharisiens ripostèrent en se référant à une ordonnance de la loi de Moïse qui autorisait le divorce pour des raisons autres que l'infidélité. A cela, Jésus répondit: **"C'est à cause de la dureté de votre cœur que Moïse vous a permis de répudier vos femmes; au commencement, il n'en était pas ainsi."** (Matthieu 19:8)

Une fois encore, Jésus les renvoie au commencement - c'est-à-dire au modèle établi au début de la Genèse. C'était le seul modèle qu'il reconnaissait. Toute déviation n'était pas dans la volonté du Père, mais simplement une concession due à la dureté du cœur de l'homme non régénéré.

Cette conversation de Jésus avec les pharisiens a des implications importantes pour nous en tant que chrétiens aujourd'hui. La norme divine du mariage en vigueur pour nous est toujours celle qu'a établie Dieu lors de la création. Tout abaissement de cette norme est simplement une concession due à la dureté du cœur de l'homme non régénéré.

Les chrétiens qui sont nés de nouveau de l'Esprit de Dieu sont "une nouvelle création" et ne sont plus soumis aux exigences de leur vieille nature non régénérée. Pour les chrétiens d'aujourd'hui, donc, la norme divine du mariage est celle que Dieu a établie lors de la création et que Jésus a soutenue tout au long de son ministère.

La Genèse relate spécifiquement quatre vérités très importantes sur le mariage, qui restent toutes valables encore aujourd'hui.

Premièrement, le concept du mariage trouve son origine en Dieu seul. Adam n'y est pour rien. Ce n'est pas un plan qu'il a formulé. Il ne l'a même pas demandé. C'est Dieu et non le dernier qui a décidé qu'Adam avait besoin d'une femme. Adam n'était pas conscient de ce besoin.

Deuxièmement, c'est Dieu qui a formé Eve pour Adam. Lui seul savait le genre de compagne dont il avait besoin.

Troisièmement, c'est Dieu qui a présenté Eve à Adam. Adam n'est pas parti à sa recherche.

Quatrièmement, c'est Dieu qui a déterminé la façon dont Adam et Eve devaient se comporter. Le but final de leur relation était l'unité parfaite: **"C'est pourquoi l'homme quittera son père et sa mère, et s'attachera à sa femme, et ils deviendront une seule chair."** (Genèse 2:24)

Si, comme Jésus le dit, le modèle de Dieu pour le mariage demeure inchangé pour les chrétiens d'aujourd'hui, alors les quatre vérités soulignées ci-dessus sont valables dans nos vies. En pratique, qu'est-ce que cela implique?

Un chrétien se mariera non pas parce qu'il l'a décidé, mais parce que Dieu l'a décidé.

Il fera confiance à Dieu à la fois pour choisir et préparer la femme dont il a besoin. Inversement, une chrétienne fera confiance à Dieu pour la préparer pour le mari que Dieu lui a choisi.

Un chrétien, marchant selon la volonté de Dieu, verra qu'il lui amène la femme qu'il lui a choisie et préparée. Une chrétienne, quant à elle, permettra à Dieu de la conduire vers le mari pour lequel il l'a préparée.

Aujourd'hui, le but final du mariage est toujours le même que pour Adam et Eve: l'unité parfaite. Seuls ceux qui réunissent les trois conditions précédentes peuvent aussi espérer jouir de l'accomplissement de ce but final.

Certains seront peut-être tentés de révoquer ces principes en les qualifiant de "vieux jeu" ou de "superspirituels". Il n'y a jamais de dévaluation des valeurs du royaume de Dieu ni d'érosion de ses valeurs et critères. Pour ceux qui suivent vraiment Jésus, les conditions sont les mêmes que celles de son temps. Mais, merci Seigneur, les récompenses également!

Pour moi, ces principes ne sont pas de simples théories abstraites. Cela s'est vraiment passé comme ça pour mes deux mariages, comme je le raconte dans les deux chapitres suivants. A chaque fois, la décision du mariage fut prise par Dieu et non par moi. D'ailleurs, je ne recherchais pas le mariage. A chaque fois, Dieu a choisi ma femme, l'a préparée et me l'a amenée. Et le plus important de tout, c'est que chacun de mes mariages a produit un degré d'unité que peu de couples connaissent aujourd'hui.

Tout cela ne vient pas de quelque théorie théologique élaborée que j'aurais suivie pour savoir comment un homme doit se préparer au mariage. Cela est plutôt venu par la décision souveraine du Saint-Esprit dans ma vie. Souvent, je n'étais même pas conscient que c'était le Saint-Esprit qui était à œuvre. Cependant, peu à peu, tandis que je considérais ma vie à la lumière de l'Ecriture, je vis dans chacun de mes mariages comment Dieu avait agi exactement selon le modèle qu'il avait lui-même établi "au commencement". Je partage ces principes maintenant parce que je sais que cela marche. Je ne peux souhaiter de plus grand bonheur à mes frères chrétiens que celui-là.

La brève analyse du modèle biblique du mariage est en contradiction totale avec les normes du monde d'aujourd'hui - ou même avec celles acceptées dans de nombreuses églises. L'attitude qui prévaut en matière de mariage dans une culture ou une civilisation est en général un bon baromètre du climat spirituel et moral. Le déclin d'une culture est marqué par un déclin des valeurs du mariage. Inversement, le renouveau d'une culture est marqué par un renouveau des valeurs bibliques du mariage correspondant.

Il existe différents passages de la Bible décrivant comment le mariage est affecté à la fois par une période de déclin et une période de restauration. Dans Jérémie 25:10-11, Dieu avertit le peuple de Juda de la désolation qui doit venir de l'invasion imminente de Nebucadnetsar: **"et je ferai périr du milieu d'eux la voix de l'allégresse et la voix de la joie, la voix de l'époux et la voix de l'épouse, le bruit des meules et la lumière de la lampe. Et tout ce pays sera un désert, une désolation..."** (Traduction Darby)

L'apôtre Jean décrit un tableau similaire de la destruction, à la fin des temps, du système antichrétien appelé "la grande Babylone":

"Et l'on n'entendra plus chez toi les sons des joueurs de harpe, des musiciens, des joueurs de flûte et des joueurs de trompette, on ne trouvera plus chez toi aucun artisan d'un métier quelconque, on n'entendra plus chez toi le bruit de la meule, la lumière de la lampe ne brillera plus chez toi, et la voix de l'époux et de l'épouse ne sera plus entendue chez toi..." (Apocalypse 18:22-23)

L'un des traits centraux à ces deux descriptions de déclin et de désolation est le silence des voix de l'époux et de l'épouse. Une culture qui ne met plus les joyeuses célébrations du mariage au centre de son mode de vie est soit déjà condamnée, soit sur le chemin de la décadence.

L'inverse est également vrai. La restauration d'une culture sera marquée par la restauration du mariage en tant que source de joie et cause de célébration. Dans Jérémie 33:10-11, Dieu promet la restauration de la fin des temps à Israël et à Juda:

"Ainsi dit l'Eternel: Dans ce lieu-ci dont vous dites: C'est un désert où il n'y a pas d'homme et où il n'y a pas de bête, dans les villes de Juda et dans les rues de Jérusalem,

qui sont désolées, où il n'y a pas d'homme, et où il n'y a pas d'habitant, et où il n'y a pas de bête, on entendra encore la voix de l'allégresse et la voix de la joie, la voix de l'époux et la voix de l'épouse, la voix de ceux qui disent: Célébrez l'Eternel des armées, car l'Eternel est bon, car sa bonté *demeure* à toujours, - des gens qui apportent des actions de grâce à la maison de l'Eternel. Car je délivrerai le pays de sa captivité, et je le rétablirai comme il était au commencement, dit l'Eternel." (Traduction Darby)

Une fois encore, par cette image de désolation ou de restauration, l'épouse et l'époux sont au cœur du débat. Selon les critères de l'Ecriture, la restauration d'un peuple n'est complète qu'accompagnée "des voix de l'époux et de l'épouse".

De nombreuses forces peuvent miner les fondements bibliques du mariage. L'humanisme séculaire, par exemple, présente le mariage comme une sorte de contrat social par lequel les parties sont libres de dicter leurs propres clauses et conditions, et de les modifier ou de les abroger à volonté si leurs sentiments changent. Les gens qui viennent au mariage sur cette base n'expérimenteront jamais l'accomplissement physique ou spirituel que la Bible promet à ceux qui suivent son modèle.

D'un autre côté, cependant, la religion formelle sans la grâce de Dieu peut avoir un effet presque aussi néfaste sur le mariage. L'idylle et la passion font partie intégrante du mariage comme cela nous est révélé dans la Bible. Ces deux aspects sont décrits de façon vivante et belle dans le Cantique des Cantiques. Un mariage qui en manque est, selon les normes bibliques, tristement incomplet. L'idylle sans la passion finit dans la frustration. La passion sans l'idylle est un peu plus que le désir, à peine voilé.

Au cours des siècles, l'Eglise a souvent omis de présenter l'image biblique du parfait mariage, qui comprend tous les domaines de la personnalité humaine - spirituel, émotionnel et physique. Le sexe a été considéré comme une malheureuse nécessité, presque comme une aberration du Créateur, qui nécessiterait des excuses. Ce n'est certainement pas le point de vue du Créateur. Il a créé l'homme et la femme comme des êtres sexuels, puis, après une vérification soigneuse, a jugé tout cela "très bon" - y compris leur sexualité.

Aujourd'hui, sur la terre entière, Dieu visite et renouvelle son Eglise par le Saint-Esprit. Ce renouveau doit être annoncé, comme tout renouveau divin, par "les voix de l'époux et de l'épouse". L'Eglise ne peut expérimenter un renouveau complet et validé que si elle adopte une nouvelle fois le modèle biblique du mariage. Cela ne doit pas inclure seulement la cérémonie du mariage et la vie qui s'ensuit. Cela doit commencer là où un mariage commence toujours - avec les étapes qui conduisent à la cérémonie.

Ce principe s'applique à presque toutes les formes d'activité humaine. Le processus de préparation est généralement un facteur essentiel à la réussite. Un couple qui décide par exemple de construire une maison, doit passer par des mois de préparation avant de recevoir la clé et en franchir le seuil. Ils doivent choisir un site, trouver un architecte et un entrepreneur, discuter des plans en tous genres, et prendre des décisions sans nombre pour tous les détails de style et de décoration. Un couple qui ne porte aucun intérêt à sa maison avant d'en recevoir la clé est condamné à des frustrations effrayantes et à la déception une fois qu'ils seront dedans.

Si cela est vrai pour une maison faite de briques, de pierres ou de bois, combien plus cela doit être pour une maison construite sur des pierres vivantes - des êtres humains, des créatures d'une grande complexité mais aussi d'un énorme potentiel!

Non, un mariage heureux ne commence pas avec la cérémonie des noces. Son fondement est posé bien avant - premièrement par la préparation soigneuse du caractère, puis dans l'adéquation d'un homme et d'une femme que Dieu a choisis l'un pour l'autre.

Un couple entrant dans le mariage sans préparation et mal assorti est condamné au mieux à une frustration continuelle, voire le plus souvent à un échec complet. Par contre, les chrétiens qui ont laissé le Saint-Esprit les modeler et les conduire sur le chemin biblique conduisant à la cérémonie du mariage peuvent regarder devant eux avec confiance et avoir une vie de couple faite d'accomplissements et de délices mutuels.

* * * * * * *

2. LYDIA

Au tout début de l'histoire humaine, Dieu a établi un principe: **"Il n'est pas bon que l'homme soit seul; je lui ferai une aide semblable à lui."** (Genèse 2:18)

Aucun homme n'est complet par lui-même. Chacun a besoin de compagnie. Pour satisfaire ce besoin, Dieu a établi le mariage et a donné une femme à Adam. Le mariage est la forme la plus proche et la plus intime de relation entre deux personnes. Elle est en fait si intime, que les deux ne font plus qu'un.

Dans Ephésiens 5, Paul qualifie le mariage de "mystère". Dans le Cantique des Cantiques, Salomon le compare à "un jardin fermé". Aucune discipline académique telle que la psychologie ou la théologie ne peut dévoiler le mystère ni ouvrir le jardin fermé. Dieu seul en a la clé. Il l'a donnée à ceux qui le suivent sur le chemin de la foi et de l'obéissance.

Un célibataire peut profiter des meilleurs conseils, lire tous les livres recommandés, fréquenter de nombreux couples mariés, s'adonner au sexe en dehors du mariage, mais il reste à l'extérieur - un non initié. Il y a un élément du mariage qui ne peut être expliqué. Il ne peut être qu'expérimenté.

C'est pour cela que j'aimerais vous conter de façon très personnelle l'histoire de mon mariage avec Lydia. Dieu m'a conduit, de façon souveraine et surnaturelle, à la femme de son choix, me donnant ainsi la clé qui dévoile le mystère. Quelqu'un a dit que la meilleure école du monde est celle de l'expérience - mais c'est également celle qui coûte le plus!

En 1940, après de nombreuses années d'études, j'étais confortablement établi comme professeur de philosophie à l'université de Cambridge. Puis brusquement, je fus déraciné de mon milieu enseignant et plongé dans le tourbillon de la

Seconde Guerre mondiale. Engagé comme aide-soignant dans un hôpital de l'armée britannique, j'emmenai avec moi une Bible que je voulais étudier "comme une œuvre philosophique". Je rejetais complètement toute théorie d'inspiration divine.

Une nuit, environ neuf mois plus tard, dans une chambrée, je reçus une révélation personnelle et directe de Jésus-Christ. La semaine suivante, au même endroit, j'expérimentai ce que je savais être une effusion surnaturelle du Saint-Esprit. Avant que je n'aie eu le temps d'analyser ce qui se passait, j'entendis les syllabes d'un langage étrange sortant de ma bouche. Cela ressemblait à une langue orientale, comme du japonais ou du chinois.

Bien que n'ayant aucune idée de ce que je disais, je sus que j'étais en train de communiquer directement avec Dieu. Intérieurement, j'eus une merveilleuse sensation de libération des peurs et des tensions dont j'ignorais l'existence. Puis, soudain, je sus que j'avais franchi le seuil d'un monde entièrement nouveau.

La nuit suivante, tandis que je reposais sur mon matelas de paille - l'équivalent d'un lit dans l'armée -, je commençais à parler encore avec ces mots étranges dans une langue inconnue. Cette fois, je fus surpris par leur rythme qui semblait poétique. Après qu'ils eurent cessé, il y eut une brève pause, puis je commençais à parler une fois encore en anglais. Mais je ne choisissais pas les mots que je disais, qui, je le notais, reproduisaient le rythme des mots prononcés dans l'étrange langage. On aurait dit que je me parlais à moi-même, à la seconde personne, avec des mots qui ne venaient pas de moi. Avec crainte, je réalisais que Dieu utilisait ma bouche pour me parler.

Dans un langage merveilleux et poétique, le Seigneur me décrivit une image de ses intentions à mon égard. Elle contenait des scènes et des images qui n'auraient jamais pu venir de mon imagination, ni ma mémoire les retenir toutes. Ce qui resta, cependant, gravé de façon indélébile dans mon esprit, c'est ceci: "Ce sera comme un petit ruisseau. Le petit ruisseau deviendra une rivière, la rivière deviendra un grand fleuve, le grand fleuve deviendra une mer, et la mer deviendra un vaste océan..." Je savais que ces paroles contenaient la clé du dessein de Dieu pour ma vie.

Dans les jours qui suivirent, tandis que je méditais sur ces expériences et que je me demandais ce qui m'attendait, un nom s'imprima fortement dans mon esprit. C'était Palestine, le nom d'alors pour désigner la zone du Moyen-Orient que se partageaient alors Israël et la Jordanie. Je ne compris pas tout ce que Dieu voulait me dire de son plan pour ma vie, mais j'avais l'impression très forte qu'il était lié avec le pays et le peuple de Palestine.

Quelques semaines plus tard, mon unité fut envoyée au Moyen-Orient. Je m'étais imaginé que notre destination serait la Palestine. Mais au lieu de cela, je passai les trois années suivantes dans les déserts d'Egypte, de Lybie et du Soudan. Je me trouvais au milieu du désert, à la fois naturel et spirituel. Ma seule source intarissable de force était ma Bible, que je lus entièrement plusieurs fois. Malgré le désert tout autour, je sentais que Dieu commençait à initier son plan pour ma vie, et qu'il serait d'une manière ou d'une autre associé à la Palestine.

Au Soudan, je rencontrai un frère chrétien soldat qui avait passé quelque temps en Palestine. Tandis que nous partagions ensemble, il me dit: "Si tu veux vraiment une bénédiction spirituelle, il y a un petit orphelinat en Palestine, juste au nord de Jérusalem, qu'il faut que tu visites. Il est dirigé par une Danoise. Les soldats y viennent de tout le Moyen-Orient et Dieu les visite de façon merveilleuse."

Je trouvais étrange que des soldats aient à aller dans un orphelinat pour être bénis, mais je notai mentalement l'information. La mention de la Palestine me troubla. De plus, j'en avais assez des déserts et soupirais après un changement de décor.

Puis un jour, de façon inattendue, je reçus une note me disant que j'étais transféré en Palestine. Un mois plus tard, je me trouvais dans une petite unité médicale située à Kiriat Motzkin, juste au nord d'Haïfa. Mes responsabilités étaient minimes et me laissaient beaucoup de temps pour prier.

A la première occasion, je visitai l'orphelinat et je compris rapidement pourquoi les soldats venaient là de si nombreux endroits. L'atmosphère était remplie d'une présence invisible qui se posait comme la rosée sur les hommes fatigués de la tension et de la monotonie de la guerre du désert. Je sentis mon esprit comme lavé de la saleté de trois années passées dans les déserts.

La femme qui était responsable de l'orphelinat se présenta comme Lydia Christensen et me salua chaleureusement. Elle était typiquement Scandinave - blonde aux yeux bleus. Devant une tasse de café, elle me raconta rapidement comment elle était venue du Danemark à Jérusalem, seize ans auparavant, et avait commencé par prendre un bébé juif mourant dans un sous-sol.[1] De ce petit commencement naquit une grande "famille" avec des enfants de différentes races.

"Je n'ai jamais cherché les enfants, me dit Lydia. Je prenais simplement ceux que le Seigneur m'envoyait."

En réponse, je commençais à partager avec elle comment le Seigneur s'était révélé à moi dans une chambrée et m'avait rempli du Saint-Esprit. Puis, je lui décrivis les trois années qui avaient suivi dans le désert, avec ma Bible comme unique source de force et de direction.

"Je ne sais pas exactement ce que l'avenir me réserve,

---

[1] Lydia a raconté son histoire dans "Rendez vous à Jérusalem" (1975), bientôt disponible en français (N.D.T.).

lui dis-je en conclusion, mais je crois que Dieu a un plan pour ma vie et que cela a un rapport avec la Palestine."

Lydia proposa de prier pour cela, ce que je désirais fortement, et je fus immédiatement d'accord. Cependant, à ma grande surprise, Lydia demanda à quelques petites filles de se joindre à nous dans la prière. Quatre ou cinq d'entre elles se groupèrent rapidement autour de la pièce et s'assirent. Lydia dit quelques mots en arabe - expliquant je présume pourquoi nous allions prier. Puis chaque fille s'agenouilla devant sa chaise. Lydia et moi également.

Tandis que je commençais à prier, je sentis que j'avais un rendez-vous avec Dieu. A un moment donné, j'entendis une petite fille à côté de moi qui chantait dans des tons clairs et mélodiques. Je crus d'abord que c'était de l'arabe, puis je réalisai que c'était une autre langue. Après un petit moment, les autres filles l'accompagnèrent dans d'autres langues. Je sentis que mon esprit s'élevait dans l'adoration surnaturelle vers un nouveau niveau de communion avec le Seigneur. Bien que je ne comprisse pas ce qui se priait, je savais que tout mon avenir avait été mis en sûreté entre les mains de Dieu.

En retournant au dépôt médical, mes pensées revenaient souvent vers le petit orphelinat de Ramallah. Je pouvais encore entendre les voix claires des enfants s'élever dans l'adoration. Je décidai de prier régulièrement pour Lydia. Durant les quelques heures que j'avais passées à l'orphelinat, j'avais perçu combien elle avait de fardeaux à porter, sans aucune aide que celle d'une servante arabe. D'ailleurs, où trouvait-elle l'argent pour nourrir et habiller tous ces enfants? Elle m'avait dit qu'elle n'était envoyée par aucune organisation missionnaire.

Un jour, seul parmi les longues rangées de ballots contenant les réserves médicales, je me sentis poussé à prier pour Lydia. Je priais un moment en anglais, puis le Saint-Esprit me dirigea et me donna une manifestation claire et forte de nouveau dans une langue inconnue. Après une brève pause, suivit une interprétation en anglais. Une fois encore, comme la première nuit, c'est Dieu qui me parlait à travers ma propre bouche et me disait: *"Je vous ai unis ensemble ... sous le même joug et avec le même harnais..."*

Il y avait autre chose après, mais ce sont ces mots qui retinrent mon attention. Que voulaient-ils dire? Puisque j'étais en train de prier pour Lydia, cela devait se référer à elle. Est-ce que Dieu nous unissait tous les deux? Si oui, comment et pourquoi?

Quelques mois plus tard, l'armée me transféra de nouveau, cette fois dans un véritable hôpital, celui d'Augusta Victoria sur le mont des Oliviers à l'est de Jérusalem. D'ici, c'était un trajet facile en bus pour Ramallah. Mes visites à l'orphelinat devinrent fréquentes et mon amitié grandit envers Lydia et les enfants.

Ma démobilisation devait intervenir dans moins d'un an. J'étais de plus en plus persuadé que Dieu me conduisait à l'obtenir en Palestine et à y rester pour le servir à plein temps. Mais quel genre de service et avec qui?

Il y avait deux églises actives du Plein Evangile à Jérusalem. J'étais devenu l'ami des deux responsables. Devais-je offrir mes services à l'un d'entre eux? Puis, il y avait bien sûr l'orphelinat de Ramallah. C'est là que j'avais la communion la plus profonde. Mais quel rôle avoir dans un orphelinat?

De plus, il y avait la question de mon soutien financier. En Angleterre, avant de rencontrer le Seigneur, je n'allais pas à l'église, et j'étais encore moins un serviteur de Dieu. J'étais inconnu des chrétiens. Pourquoi m'auraient-ils soutenu?

J'avais un ami chrétien nommé Geoffrey qui travaillait dans une unité médicale, à Jérusalem, à qui je demandai de l'aide dans la prière. Je savais qu'il était sensible à la voix du Seigneur. De plus, il connaissait bien les deux communautés de Jérusalem ainsi que l'orphelinat. "J'ai besoin de savoir où Dieu veut que je m'engage", lui dis-je.

Geoffrey travaillait lui-même avec l'une des deux églises et trouvait évidemment que ce serait là ma place à moi aussi. Cependant, il était prêt à prier avec moi, et après avoir intercédé pour chacune des deux églises du Plein Evangile, il commença à prier pour Lydia et l'orphelinat.

"Seigneur, dit-il, tu m'as montré que ce petit orphelinat serait comme un petit ruisseau, et que ce petit ruisseau deviendrait une rivière et que la rivière deviendrait un grand fleuve, et que le grand fleuve deviendrait une mer..."

Je n'entendis plus un seul mot de la prière de Geoffrey! J'étais au comble de l'excitation, et rempli de crainte. Il avait répété exactement mot pour mot ce que Dieu m'avait dit à propos de mon avenir la nuit dans la chambrée en Angleterre, mais il avait appliqué ces paroles à Lydia et à l'orphelinat. Entre-temps, je n'avais jamais partagé ces paroles avec personne. Seul Dieu pouvait les avoir révélées à Geoffrey.

"Merci, dis-je à Geoffrey lorsqu'il eut terminé de prier. Je crois que je sais ce que Dieu veut que je fasse." Mais je ne lui ai pas dit comment je le savais!

J'avais beaucoup à méditer. Quand j'étais en Angleterre, Dieu m'avait parlé de mon avenir et donné l'image d'un petit ruisseau qui grandissait sans cesse. Puis au dépôt de Kiriat Motzkin, tandis que je priais pour Lydia, il m'avait dit qu'il nous avait "unis ensemble sous le même joug et avec le même harnais". Je découvrais maintenant que Dieu avait donné à Geoffrey - à propos de Lydia et de l'orphelinat - exactement la même image du ruisseau qui grandissait.

Je me souvins des deux expressions que Dieu avait utilisées à ce propos à Kiriat Motzkin: "sous le même joug et avec le même harnais". Un harnais est le symbole de deux animaux travaillant ensemble dans une proche intimité. Mais le joug? Je réalisais soudain que c'était l'image couramment employée dans la Bible pour désigner deux personnes unies par le mariage. Est-ce que c'était cela que Dieu avait en tête?

Je commençais à considérer les différences et les difficultés. Lydia était d'un milieu culturel différent du mien. Elle avait un caractère fort, de meneuse. Face à des difficultés sans fin, elle avait bâti une œuvre qui lui valait le respect de la communauté chrétienne. Elle était habituée à livrer ses propres combats. Voudrait-elle se soumettre à la maison à un homme beaucoup plus jeune et moins expérimenté qu'elle? Serait-ce réaliste pour elle de le faire?

Et puis, il y avait la différence d'âge. J'avais tout juste trente ans, tandis que Lydia qui était d'une vitalité étonnante et une personne active, était d'un certain âge. Un mariage entre deux personnes si différentes de par leur âge devrait inévitablement faire face à des pressions inhabituelles.

Je devais également considérer mon propre milieu. J'étais enfant unique. Mon éducation était totalement intellectuelle. Bien que je sache construire des théories philosophiques sur l'humanité, je connaissais fort peu de choses sur les réalités concrètes des êtres humains. Pouvais-je devenir le père d'une famille de filles, des filles dont le milieu racial et culturel était totalement différent du mien? Etait-ce même juste d'imposer un tel père à ces filles?

Tout cela pour le côté négatif. Le côté positif pouvait se résumer par une phrase brève: Dieu avait parlé. De façon claire et surnaturelle, il m'avait révélé son plan - d'abord à moi seul. Puis, à travers un frère chrétien, il l'avait confirmé de façon tout aussi claire et surnaturelle. Cela ne venait pas d'une réponse à mes prières ou à mes désirs. Toute la révélation avait sa source dans la souveraine volonté de Dieu. Si je rejetais la volonté de Dieu si clairement exprimée, comment pouvais-je espérer sa bénédiction sur ma vie future?

J'étais déchiré entre l'excitation et la crainte; l'excitation à la pensée que Dieu eut un plan si net pour ma vie; la crainte que la tâche ne se révèle trop difficile. Je réalisais que je ne pouvais pas tout comprendre d'avance. Ce n'était pas ce que

Dieu me demandait. Il me demandait de m'engager par la foi dans le plan qu'il m'avait révélé, puis de le laisser œuvrer à ma place pour les choses que moi je ne pouvais pas faire.

Finalement, j'en arrivais à ce moment d'engagement. Jusqu'ici je comprenais le plan de Dieu pour ma vie, et je l'adoptais. Et ce que je ne comprenais pas encore, je le confiais à Dieu pour me le révéler en temps et en heure.

A partir de ce moment-là, il y eut un changement progressif dans mes relations avec Lydia. Notre amitié était déjà forte et nous enrichissait. Mais elle avait maintenant une nouvelle chaleur et une intimité qui augmentait chaque fois que je visitais l'orphelinat. Pour les enfants aussi, je commençais à ressentir une sorte de préoccupation parentale que je n'avais jamais éprouvée auparavant. En fin de compte, je devais le reconnaître: j'étais amoureux - amoureux de Lydia et des huit enfants.

Quelques mois plus tard, il me sembla naturel de demander à Lydia de m'épouser et tout aussi naturel pour elle d'accepter. Au début de l'année 1946, nous étions mariés presque un mois avant que l'armée ne me démobilise.

Plus tard dans l'année, nous déménageâmes l'orphelinat de Ramallah à Jérusalem où nous fûmes pris par les événements tumultueux qui se révélèrent être les douleurs de l'enfantement de l'Etat d'Israël. Nos vies étaient fréquemment menacées. Nous avons dû déménager quatre fois - dont deux fois de nuit. La guerre et la famine étaient autour de nous. Pourtant, Dieu nous protégeait et pourvoyait à nos besoins d'une façon qui nous étonnait sans cesse. A force de partager toutes ces expériences en famille, nous étions liés aussi solidement que si nous avions été une famille naturelle - des liens qui subsistent encore aujourd'hui.

De Jérusalem, nous allâmes à Londres où je fus pasteur d'une église pendant huit ans. A la fin de cette période, les filles aînées avaient grandi et quitté la maison et toutes, sauf une, étaient mariées. Avec les deux plus jeunes, Lydia et moi allâmes au Kenya où je servis durant cinq ans comme principal dans un collège pour former des enseignants africains. Là, les deux dernières filles nous quittèrent pour poursuivre leur carrière et se marier. C'est également là que nous avons adopté Jésika, une petite fille africaine de six mois qui devint notre neuvième fille.

En 1962, Lydia, Jésika et moi nous partîmes en Amérique du Nord, d'abord au Canada; puis aux Etats-Unis où finalement nous nous installâmes. Là, Dieu ouvrit les portes d'un ministère dans chaque région de la nation puis dans de nombreux autres pays.

La famille grandissait régulièrement en nombre, et s'étendait à différentes parties du monde, avec des membres installés en Angleterre, au Canada, aux Etats-Unis et en Australie. "Le soleil ne se couche jamais sur notre famille", disait parfois Lydia. Le petit ruisseau qui avait commencé à Ramallah devenait un fleuve qui faisait le tour du globe.

Tout au long de ces années, Lydia et moi n'avions qu'une seule source de force qui ne nous a jamais fait défaut: notre unité. Dans notre vie personnelle de prière, nous proclamions continuellement la promesse faite dans Matthieu 18:19: **"Si deux d'entre vous s'accordent sur la terre pour demander une chose quelconque, elle leur sera accordée par mon Père qui est dans les cieux."** Nous ne pouvons pas compter les prières spécifiques qui ont été exaucées sur cette base.

Dans notre ministère public également, lorsque nous priions pour les malades et les affligés, notre unité nous donnait des victoires que nous n'aurions jamais pu obtenir seuls. Un serviteur fit un jour ce commentaire: "Vous travaillez ensemble tous les deux comme si vous n'étiez qu'une seule personne."

En 1975, après presque trente ans, Dieu rappela Lydia. Elle lui avait donné plus de cinquante ans de dur labeur désintéressé. On peut lui rendre hommage par ce verset qui lui va bien dans Proverbes 31:28-29:

"Ses fils se lèvent et la disent heureuse; son mari se lève, et lui donne des louanges; plusieurs filles ont une conduite vertueuse; mais toi, tu les surpasses toutes."

Plus je méditais sur mon mariage avec Lydia, et plus je m'émerveillais de la sagesse parfaite de Dieu. A l'époque où je me suis marié, je n'avais aucune idée du genre de vie qui se trouvait devant nous. Ainsi, je n'avais pas de base pour me choisir une femme, puisque je manquais des renseignements essentiels grâce auxquels on peut faire un choix intelligent. En regardant en arrière les travaux, les épreuves et les batailles sur trente ans, je suis convaincu que Lydia était la seule femme au monde capable de m'aider pour tout cela.

Comme c'est merveilleux, que Dieu sache exactement le genre de femme dont j'avais besoin, qu'il l'ait préparée pour moi pendant de nombreuses années, placée sur le chemin qui devait me conduire, et qu'il l'ait choisie pour être l'aide qu'il m'avait destinée. Chaque fois que j'y repense, j'incline ma tête dans l'adoration et je dis avec Paul:

"O profondeur de la richesse, de la sagesse et de la science de Dieu! Que ses jugements sont insondables, et ses voies incompréhensibles!" (Romains 11:33)

* * * * * * *

3. RUTH

Après la mort de Lydia, je connus une sensation de solitude telle que je ne l'aurais jamais imaginée. Le deuil est un état que presque chacun d'entre nous doit un jour ou l'autre affronter. Pourtant peu de gens, même parmi les chrétiens engagés, y sont réellement préparés. A travers cette épreuve, j'appris d'une façon nouvelle mon besoin du corps de Christ.

Durant des années, j'avais eu une forte amitié pour quatre autres enseignants bibliques bien connus dans notre pays: Don Basham, Ern Baxter, Bob Mumford et Charles Simpson. Nous nous étions engagés à partager ensemble dans la prière, dans le conseil et dans la communion. Ainsi, nous cherchions à nous soutenir et à nous fortifier ensemble.

La consolation que je reçus de mes frères dans ces heures de solitude m'aida à changer mon chagrin en joie et en victoire. Le jour vint où je pus dire comme David: **"Et tu as changé mes lamentations en allégresse, tu as délié mon sac, et tu m'as ceint de joie..."** (Psaume 30:12)

Au printemps 1977, nous prîmes part à un groupe de leaders charismatiques internationaux, à la fois catholique et protestant, qui faisait un pèlerinage en Terre sainte. A Jérusalem, nous avons eu le privilège de nous réunir avec le cardinal Suenens, de Belgique, pour célébrer son cinquantième anniversaire dans la prêtrise. Lorsque le reste du groupe partit, je décidai de rester en Israël une semaine de plus. Je mis ces jours à part pour chercher le Seigneur afin de savoir si le temps était venu pour moi de me tourner de nouveau vers Jérusalem. Je savais que mon ministère n'y était pas terminé.

J'eus également l'occasion de visiter le bureau d'une organisation qui traduisait activement mes livres en Israël et ailleurs. Tandis que j'y étais, je me souvins d'une lettre que j'avais reçue d'eux quelque temps auparavant et qui se terminait par ce post-scriptum: "Je veux vous remercier pour votre ministère. Il a beaucoup compté pour moi au cours des années. Ruth Baker."

Je sentis qu'il fallait que je saisisse l'occasion pour exprimer ma reconnaissance, mais la réceptionniste du bureau me dit que Ruth Baker avait été sérieusement blessée au dos deux mois auparavant et qu'elle était chez elle dans l'incapacité de travailler.

Durant ces dernières années, Dieu m'avait donné un don spécial de foi pour aider les personnes ayant des problèmes de dos. La plupart de ceux pour lesquels je priais étaient guéris - certains immédiatement, d'autres graduellement. Je n'étais certainement pas venu à Jérusalem pour visiter les malades, mais je sentis qu'il aurait été peu aimable de ma part de ne pas au moins offrir mon aide.

"Pensez-vous que cette femme voudrait que je prie pour elle?" demandais-je au bureau. Le personnel répondit d'un oui unanime et spontané et me donna l'adresse de son appartement.

Un jeune homme nommé David avait mis une voiture à ma disposition et me conduisait dans Jérusalem, et nous partîmes à l'adresse qu'on nous avait donnée. Après avoir parcouru, durant quarante minutes, sans succès les rues étroites et peu aisées de Jérusalem, je dis à David: "Nous devons être en dehors de la volonté de Dieu. Faisons demi-tour et rentrons à la maison."

Au moment où il faisait demi-tour, je regardai encore une fois les numéros des maisons. Nous étions devant l'immeuble que nous recherchions!

Nous trouvâmes la femme allongée sur le canapé de son salon. Je vis sur son visage le masque de la douleur si courant chez les personnes qui souffrent du dos. Après lui avoir donné quelques instructions sur la façon dont elle devait libérer sa foi, je mis ma main sur sa tête et commençai à prier. Puis, de manière inattendue, le Seigneur me donna une parole prophétique pour elle qui contenait à la fois un encouragement et une direction. En voyant son visage s'éclairer, je sus qu'il avait répondu à ses besoins intérieurs. Nous parlâmes quelques minutes, puis je partis avec la sensation du devoir accompli.

Je sortis très peu le reste de la semaine me concentrant pour chercher une réponse de Dieu à propos de mon avenir. Mais je n'eus aucune réponse. Le dernier jour en Israël arriva et je n'avais toujours pas eu de parole venant de Dieu. Je devais partir tôt le lendemain matin de l'aéroport Ben Gourion.

Ce soir-là, je me couchai vers vingt-trois heures, mais je ne dormais pas. Soudain, je réalisais que les barrières étaient enlevées et que j'étais en contact direct avec Dieu. Je n'avais plus envie de dormir. Tout le reste de la nuit, Dieu me parla. La plupart du temps, j'entendais sa voix qui parlait à mon esprit avec une autorité sereine qui ne pouvait venir que de Dieu lui-même.

Il me rappela le cours que ma vie avait suivi jusque-là. De nombreux exemples et circonstances me revinrent en mémoire dans lesquels Dieu était intervenu pour me protéger et me guider. Il me rappela également les différentes promesses qu'il m'avait données au cours de toutes ces années - celles déjà exaucées et celles à venir. Il m'assura que si je continuais à marcher dans l'obéissance, toutes seraient exaucées.

Puis, au petit matin, une étrange image apparut devant mes yeux. Je vis une colline fortement pentue devant moi, une colline qui me rappelait celle qui allait à la montagne de Sion, au sud-ouest de la vieille ville de Jérusalem. Un sentier en zigzag montait la colline jusqu'au sommet.

Instinctivement, je sus que cela représentait le chemin du retour vers Jérusalem. Il serait raide jusqu'au sommet. Il y aurait beaucoup de tournants, tantôt à droite, tantôt à gauche. Mais si je ne me détournais pas et si je persévérais, il m'emmènerait là où Dieu avait prévu à Jérusalem.

L'image la plus frappante fut celle d'une femme assise sur le sol juste à l'endroit où le chemin commençait. Ses traits étaient européens et elle était blonde. Mais elle portait une robe qui semblait être de style oriental, d'une couleur difficile à déterminer mais à dominante verte. Ce qui me frappa particulièrement, ce fut sa posture. Son dos était courbé dans une position tordue, peu naturelle, qui suggérait une souffrance. Soudain, je la reconnus. C'était Ruth Baker.

Pourquoi Dieu avait-il mis cette femme devant moi et dans un contexte aussi étrange? Avant que je n'aie formulé la question, j'en connaissais la réponse. Elle ne procéda pas d'un raisonnement. Ce ne fut pas non plus quelque chose que Dieu me dit. C'était là, dans une partie de mon esprit, où le doute n'avait pas accès. Dieu voulait que cette femme devienne mon épouse.

Je sus avec une certitude égale pourquoi la femme était assise là où le chemin commençait à grimper la colline. Il n'y avait pas d'autre accès au chemin. Me marier avec elle serait le premier pas de mon retour en Israël. Dieu ne me laissait pas le choix.

Toute une succession d'émotions envahit mon être intérieur - l'étonnement, la crainte, l'excitation. A un moment, je fus même tenté de me mettre en colère contre Dieu. Comment pouvait-il me mettre dans une telle situation? Est-ce qu'il me demandait vraiment de me marier avec une femme que je n'avais rencontré qu'une fois, et dont je ne savais rien? J'attendis pour voir si Dieu avait quelque chose de plus à me dire - des explications peut-être. Mais il ne vint rien de plus.

Je vis que j'avais besoin d'agir avec beaucoup de précautions. J'étais très connu dans certains milieux chrétiens. Si je faisais une folie maintenant, en particulier dans le domaine du mariage, je déshonorerais le Seigneur et deviendrais une pierre d'achoppement pour son peuple. Je décidai de ne rien dire à personne à ce propos. Je mettrais simplement ce problème devant le Seigneur dans la prière et je chercherais une direction de sa part.

Pendant un mois, une fois de retour aux Etats-Unis, je priais continuellement et avec ferveur. Rien ne changea. La vision ne partait pas de mon esprit. Au contraire, elle devenait plus vivante. A la fin du mois, je continuais à penser que Dieu ne me laissait pas le choix. Il voulait que j'épouse Ruth Baker.

En fin de compte, je me dis: "La foi sans les œuvres est morte. Si je crois vraiment que Dieu m'a montré sa volonté, je dois commencer à agir." Ainsi, je m'assis et j'écrivis une brève lettre à Ruth Baker, à Jérusalem, lui suggérant que si elle avait l'occasion de venir aux Etats-Unis, qu'elle vienne visiter la communauté chrétienne de Kansas City. Ces frères avaient un amour tout particulier pour Israël et des liens très intimes avec moi.

Pratiquement par retour du courrier, je reçus une réponse. Ruth était sur le point de quitter Israël avec sa fille pour venir aux Etats-Unis. Elle était reconnaissante de ma proposition et viendrait avec plaisir rendre visite à la communauté de Kansas City. Elle me donna des dates correspondant à son itinéraire et un numéro de téléphone auquel on pourrait la joindre dans le Maryland.

Je lui téléphonai rapidement et fixai les dates de sa visite à Kansas City. Je devais moi-même sous peu me rendre en Afrique du Sud pour mon ministère, mais je m'arrangeais pour être présent à Kansas City les deux premiers jours de la visite de Ruth et, de là, partir directement pour l'Afrique du Sud.

Le leader de la communauté de Kansas City était David, le jeune homme qui m'avait conduit dans Jérusalem. Il nous logea, Ruth, sa fille et moi-même, dans sa spacieuse maison. Le second jour, Ruth s'arrangea pour avoir un entretien avec moi concernant un problème qui était arrivé à Jérusalem.

Lorsqu'elle entra, je la complimentai sur la robe

originale qu'elle portait. "C'est de style arabe, me répondit-elle. Je l'ai achetée dans la vieille ville."

Puis elle continua en expliquant que sa blessure au dos l'empêchait de rester longtemps assise sur une chaise ordinaire. Avec mon assentiment, elle s'assit sur le sol, le dos appuyé au mur et les genoux tournés d'un côté.

Spontanément, mon esprit revint à la femme que j'avais vue cette nuit-là assise au pied du chemin qui montait à la colline. Non seulement c'était la même femme que j'avais en face de moi, mais c'était la même robe d'un style et d'une couleur originale et elle était assise exactement dans la même posture tordue qui était un témoignage muet de douleur. Chaque détail était exact!

Je ne pouvais plus parler. Je ne pouvais que la regarder fixement, rempli de crainte. Puis un courant chaud de puissance surnaturelle monta de mon corps et je ressentis un amour inexprimable pour cette femme qui était encore extérieurement une étrangère. Pendant quelques instants, nous restâmes assis en silence. Puis, par un effort de ma volonté, je maîtrisai mes émotions et commençai à m'enquérir des problèmes pour lesquels elle venait me demander conseil.

Durant le reste de la conversation, mon esprit travaillait simultanément sur deux niveaux. D'un côté, j'offrais mon conseil pour le problème de Ruth. De l'autre, j'essayais de comprendre ce qui se passait en moi.

Avant de partir pour l'Afrique du Sud le jour suivant, je m'enquis brièvement de ses projets d'avenir. Elle avait l'intention de retourner à Jérusalem pour le Nouvel An juif, et le Yom Kippour qui, cette année-là, tombait à la fin du mois de septembre. Par coïncidence, j'avais déjà prévu mon retour d'Afrique du Sud via Israël pour m'arrêter quelques jours à Jérusalem. Je sentais que je devais y être pour le Yom Kippour.

Tout au long de ma période de ministère en Afrique du Sud, je me demandais ce que je devais faire à propos de Ruth.

Deux choses étaient maintenant sûres: Dieu voulait que je l'épouse et j'étais amoureux d'elle. C'était à moi de faire le prochain pas. Je décidai d'envoyer à Ruth un télégramme l'invitant à déjeuner à neuf heures à l'hôtel King David à Jérusalem le jour précédant le Yom Kippour.

Mon ministère en Afrique du Sud s'acheva par un week-end à l'église de Prétoria où je reçus un don d'amour généreux en devises sud africaines. Les règlements monétaires ne me permettaient pas de sortir l'argent du pays. Le changer en dollars aurait été trop long. Alors je me souvins que l'Afrique du Sud était célèbre pour ses diamants. Sur un coup de tête, je décidai d'en acheter un.

Je fus dirigé vers une bijouterie à Prétoria tenue par un membre de l'église. Il me montra toute une gamme de diamants, m'expliquant les caractéristiques de chacun. J'en choisis finalement un qui semblait briller un peu plus que les autres. Le bijoutier me l'enveloppa soigneusement dans un morceau de papier plié et me dit de le garder dans ma poche. Cela semblait une étrange manière de transporter un diamant, mais je suivis ses instructions.

Comme j'allais quitter la boutique, je remarquai une belle broche en forme d'yeux de tigre sertie en or. Le bijoutier m'en donna le prix et je comptais l'argent qui me restait. J'en avais juste assez, alors j'achetai également la broche et me fis faire un paquet cadeau.

Deux jours plus tard, à huit heures quarante-cinq, je pris place dans le vestibule de l'hôtel King David à Jérusalem. Je choisis un siège en face de la porte à tambour. Une question remplissait mon esprit: Ruth viendrait-elle au rendez-vous?

A neuf heures précises, elle entra par la porte à tambour. Je me levai et la saluai, puis lui montrai le chemin vers la grande salle à manger où un copieux petit déjeuner était dressé sur le buffet.

A ma grande surprise, la conversation se passa

librement dès le début. Je lui décrivis les différentes réunions que j'avais tenues en Afrique du Sud. Puis je mis ma main dans ma poche et en sortis la broche dans son papier d'emballage. "Je t'ai apporté un souvenir d'Afrique du Sud", lui dis-je.

Ruth ouvrit le paquet et en sortit la broche. "C'est magnifique!, s'exclama-t-elle. Je ne sais vraiment pas comment te remercier." Ses yeux étincelaient et un vague soupçon de rouge colora ses joues. Je me souvins du bijou qu'Isaac avait envoyé à Rebecca par le serviteur d'Abraham - et tout ce qui suivit lorsqu'elle l'accepta.

Après le petit déjeuner, nous allâmes à la principale synagogue sur l'avenue King George afin d'obtenir des tickets pour le service du Yom Kippour. Lorsque nous revînmes à l'hôtel, je lui suggérai de passer le reste de la matinée sur les chaises longues de la piscine et je lui demandai de me parler d'elle et de toutes les circonstances qui l'avaient amenées à Jérusalem. Comme je m'y attendais, la souffrance était présente tout au long de son histoire, avec pour apogée la miséricorde et la grâce de Dieu qui l'avait amenée à lui et appelée à le servir en Israël.

J'étais particulièrement intéressé par la réponse à une question: Comment avait fini son mariage? Si c'était par un divorce, comme je l'imaginais, sur quelles bases? Avant, dans mon ministère, j'avais fait une étude minutieuse de l'enseignement biblique sur le divorce et le remariage. J'en avais conclu qu'une personne qui divorce d'un conjoint à cause d'une infidélité prouvée avait un droit biblique de se remarier sans aucune ombre de culpabilité ou d'infériorité. Maintenant, comme j'écoutais l'histoire de Ruth, je fus satisfait de voir qu'elle figurait dans cette catégorie.

Il nous sembla naturel de continuer notre conversation devant un déjeuner tardif. Mais comme j'aurais dû le prévoir, les forces de Ruth s'épuisaient. Elle ne pouvait plus parler. Mon tour était venu!

Après un moment d'hésitation, je lui racontai aussi correctement que possible la vision que j'avais eue la représentant assise au pied du sentier gravissant la colline.

"C'est pourquoi je t'ai invitée à me rencontrer à Kansas City, continuai-je, et c'est pour cela que je t'ai invitée ici aujourd'hui. Je crois que c'est le plan de Dieu que nous nous mariions et que nous le servions ensemble." Puis, après une pause, j'ajoutai: "Mais tu ne peux pas te décider sur la base d'une révélation que Dieu m'a donnée. Tu dois l'entendre de Dieu toi-même."

Calmement et simplement, Ruth me répondit que Dieu lui avait déjà parlé à ce propos. "Après notre rencontre à Kansas City, dit-elle, j'ai dit au Seigneur que si tu me demandais en mariage, je dirais oui."

A ce moment, nous savions tous deux que notre engagement l'un envers l'autre avait eu lieu.

Après la cérémonie du Yom Kippour à la synagogue le même soir, je parlais à Ruth de ma relation avec les quatre pasteurs.

"Nous nous sommes mis d'accord pour ne pas prendre de décision importante sans consulter les autres, lui expliquais-je. C'est pour cela que je ne suis pas libre de m'engager plus avant avec toi avant de leur avoir parlé. Cependant, je crois que Dieu a montré clairement sa volonté et qu'elle s'accomplira."

Pendant le jour de jeûne qui suivit, Ruth et moi passâmes du temps ensemble, nous attendant à Dieu et lui remettant nos vie pour lui, et ses desseins. Plus nous nous approchions de lui et plus nous nous sentions proches l'un de l'autre.

Le matin suivant, je quittai Jérusalem de bonne heure. Dans l'avion j'eus le temps de réfléchir à tout ce qui était arrivé. Comme il est merveilleux, pensais-je, que Dieu s'arrange pour établir notre relation l'un envers l'autre le jour le plus saint du calendrier juif et de la sceller par la prière et le jeûne!

Peu après mon retour aux Etats-Unis, je partageai ce nouvel événement de ma vie avec Charles Simpson, bien que plus d'un mois se soit écoulé avant que je ne puisse rencontrer les quatre pasteurs. Nous passâmes une demi-journée ensemble à discuter la question de mon mariage avec Ruth. Comme je leur racontais la façon dont Dieu m'avait conduit, je réalisais combien cela était subjectif et surnaturel. Pour moi, cela était si réel et concret. Pour les autres, cela pouvait aisément apparaître comme tiré par les cheveux et vain.

Il y avait d'autres problèmes également. Dans la rupture de son mariage, on avait - comme je le vis - été péché *contre* Ruth; elle n'avait pas péché elle-même. Néanmoins, dans les cercles chrétiens, le mot "divorcé" produit presque toujours une réaction négative qui ne s'accorde pas nécessairement avec l'interprétation biblique. Pour moi, enseignant biblique avisé, épouser une femme divorcée serait une offense pour certains.

Et puis, Ruth était à moitié invalide. En tant que telle, elle serait inévitablement plus un fardeau qu'une bénédiction dans ma vie active de ministère. Personnellement, j'étais convaincu que sa guérison était en marche. Mais je dois admettre qu'il n'y avait pas beaucoup de preuves visibles pour le confirmer.

Mes frères, naturellement, se préoccupaient plus de moi que de Ruth. Ils craignaient qu'un mariage inadéquat à ce stade puisse compromettre tout mon ministère et empêcher les plans de Dieu pour le reste de ma vie. Après de longues discussions, ils me dirent qu'ils ne pouvaient pas assumer mon mariage avec Ruth pour l'instant. A ma demande, ils me donnèrent une lettre signée d'eux tous qui, avec grâce mais brièvement, expliquait leur point de vue.

A ce stade, je me trouvais confronté avec la plus dure des décisions de ma vie. Ma communion avec mes frères n'était pas vraiment un contrat légal, ni en rapport avec une dénomination. Chacun d'entre nous était libres de l'annuler quand il le souhaitait. Devais-je le faire?

En pesant le pour et le contre, je me souciais moins de ce que mes frères pouvaient me dire que de ce que Dieu lui-même me dirait. Pour moi, il n'y a rien de plus important dans la vie que l'approbation de Dieu.

Je me rappelai l'image de David dans le Psaume 15 décrivant l'homme qui trouve la faveur de Dieu et en particulier l'affirmation qu'un tel homme "ne se rétracte point s'il fait un serment à son préjudice" (verset 4). Un engagement qu'une personne peut renier s'il ne lui convient plus n'est pas un engagement. De plus, dans ma période de deuil j'avais accepté la consolation de la part de mes frères. Pouvais-je accepter la consolation quand j'en avais besoin et rejeter leur conseil lorsqu'ils allaient contre mes souhaits?

Rien ne changeait en ce qui concerne mes sentiments pour Ruth. J'étais toujours convaincu qu'elle était un don précieux venant de Dieu. Dieu pouvait-il me demander de renoncer? Je me rappelai comment Dieu avait donné Isaac à Abraham, puis le lui avait redemandé en sacrifice sur le mont Morija. C'est seulement après qu'Abraham eut démontré qu'il était prêt à faire ce sacrifice que Dieu envoya sa pleine bénédiction à la fois sur Abraham qui accomplissait le sacrifice et sur Isaac, le sacrifice.

J'avais écrit un livre sur ce thème intitulé "La grâce de céder".[1] Si je ne voulais pas moi-même suivre ces enseignements, je serais condamné par mon propre cœur comme quelqu'un qui prêche aux autres ce qu'il n'est lui-même pas prêt à pratiquer dans sa vie. Je vis que mes convictions ne me laissaient pas le choix. Je devais me plier aux décisions des frères et les communiquer à Ruth.

Le cœur lourd, je téléphonai à Ruth pour le lui dire. Le seul réconfort que je lui donnais c'est que je devais aller à

---

[1] "The Grace of Yielding", disponible en français.

Jérusalem deux semaines plus tard, parce que j'avais à rencontrer des dirigeants pour une tournée prévue là-bas. Je lui promis de lui expliquer les choses correctement de visu.

Deux semaines plus tard, nous nous sommes retrouvés pour le petit déjeuner à l'hôtel King David. En surface, notre rencontre était étrangement dépourvue de passion. Je dis à Ruth tout ce qui s'était passé et lui donnai la lettre de mes frères.

"Je sens que nous devons couper tout contact l'un avec l'autre, lui dis-je, sauf le contact dans la prière."

Ruth m'assura qu'elle comprenait ma décision et qu'elle était d'accord avec moi. Nous n'avions pas besoin de mots pour nous dire que nos sentiments l'un envers l'autre n'avaient pas changé. Le petit déjeuner terminé, je mis Ruth dans un taxi et je la suivis des yeux jusqu'à ce qu'il se perde dans le flot des voitures.

Les jours qui suivirent, une tristesse morne s'abattit sur mon âme. La vie était si vide. Chaque tâche était une corvée. Mes plus proches amis semblaient loin de moi.

Puis, de façon inattendue, des paroles surgirent dans mon esprit et s'y gravèrent: ce qui meurt à l'automne ressuscitera au printemps. Je ne comprenais pas complètement, pourtant, elles firent naître une nouvelle lueur d'espoir dans mon âme.

Vers la fin de l'année, j'étais en route pour l'Australie dans le cadre de mon ministère. Dans l'avion, au-dessus du Pacifique, mes yeux tombèrent sur un verset de la Bible ouverte sur mes genoux: **"Du bout de la terre, je crie à toi le cœur abattu; conduis-moi sur le rocher que je ne puis atteindre!"** (Psaume 61:3) Je fus particulièrement impressionné puisque par rapport à Israël, l'Australie est la zone habitée la plus éloignée de la terre.

Du bout de la terre, murmurai-je. C'est justement là que je vais! Je relus encore une fois ces mots: "Du bout de la terre, je crie à toi..." Etait-ce pour cela que Dieu me conduisait en

45

Australie? Non pas tant pour enseigner les autres que pour rechercher Dieu dans la prière?

Durant les semaines qui suivirent, la prière prit une nouvelle dimension pour moi. J'accomplissais tous mes engagements pour mon ministère, mais passais le reste du temps en prière. L'apogée eut lieu pendant une semaine à Adélaïde, lorsqu'on me demanda de ne prêcher que le soir. Chaque jour, enfermé dans une petite chambre d'amis munie de l'air conditionné à un bout de la maison du pasteur, je m'adonnais tout entier à la prière. La plupart du temps, j'étais sur ma face devant Dieu.

J'avais l'impression que je franchissais un long et sombre tunnel. Un lieu de repos et d'accomplissement m'était préparé à l'autre bout, mais je ne pouvais y accéder que par ce tunnel. Ma progression ne pouvait se mesurer que par rapport aux heures que je passais dans la prière. Enfin, le dernier jour de la semaine, il y eut une nette délivrance. Je sentis que j'étais arrivé à la lumière de la fin du tunnel.

A partir de ce moment, je sus que mon avenir avec Ruth était certain. Il n'y avait plus de lutte, plus d'inquiétude. Dans le royaume spirituel, le combat était gagné. Je pouvais attendre avec une confiance sereine le résultat sur la terre.

Dans les mois qui suivirent, j'eus l'impression de regarder un échiquier vivant sur lequel une main de maître bougeait les pions les uns après les autres pour les mettre en place. J'ai laissé à Ruth le soin de raconter cette partie de notre histoire de son point de vue, ce qu'elle fait à la fin de ce livre. Il suffit de dire que Dieu agit puissamment dans les cœurs de mes frères comme il l'avait fait dans le mien. Il accorda aussi à Ruth la guérison complète pour laquelle nous lui avions fait confiance.

En avril 1978, nous annoncions nos fiançailles, et en octobre nous étions mariés. Charles Simpson présida la cérémonie et fut rejoint par les autres pasteurs pour nous recommander au Seigneur. Combien nous avons senti fortement la grâce de Dieu sur nous!

Avec Ruth à mes côtés, mon ministère entra dans une nouvelle phase. Agé de soixante trois ans, j'aurais pu facilement envisager un déclin progressif de mon énergie et de mes objectifs. Au contraire, tout mon ministère s'élargit d'une manière que je n'aurais jamais imaginée. En l'espace de quelques années, par la radio, les livres, les cassettes et le ministère personnel, j'atteignais presque tout le globe. Le plus enthousiasmant, c'est que mon émission de radio touchait des millions de personnes qui, sans cela, n'auraient jamais entendu parler de la parole de Dieu.

L'amour sans faille de Ruth et son engagement total m'ont donné la force et la confiance pour accepter les nouveaux défis que Dieu mettait continuellement devant moi. Mais la base de notre succès se trouve dans notre ministère d'intercession quotidienne. En cela, nous avons accompli la totalité de l'accord - de l'harmonie dans l'esprit - qui rend la prière victorieuse.

Tandis que Ruth et moi travaillions côte à côte, Dieu ajouta une dimension nouvelle à mon ministère de guérison. Souvent, maintenant, je prêche durant une heure ou plus, puis ensemble nous prions pour les malades pendant quatre ou cinq heures, tandis que Dieu donne un témoignage surnaturel de la vérité de la parole que j'ai donnée. Avant la fin de ces réunions, nous avons parfois imposé les mains à d'autres couples et nous leur avons transmis le même genre de ministère surnaturel que Dieu nous a donné.

Cette expansion de notre ministère nous a conduit dans des voyages longs et durs dans de plus en plus de pays. Nous avons été exposés à toutes les pressions provoquées par des changements continuels de climat, de régime, de culture. Dans de telles situations, Ruth avait prévu mes besoins plus rapidement que moi et avait invariablement trouvé d'ingénieuses façons d'y pourvoir.

Dans d'autres domaines également, tels que la gestion et l'écriture, Dieu a équipé Ruth de talents qui comblent des besoins que je n'avais même pas imaginés. Je m'émerveille sans cesse de voir combien ses capacités complètent les miennes comme un gant convient à une main. Une fois encore, tout comme lors de mon premier mariage, Dieu m'a donné "une aide qui me convient". Dans les années entre mes deux mariages, la nature de mes besoins avait changé. Mais la façon dont Dieu y a pourvu est aussi parfaite dans le premier cas que dans le second.

A chaque fois, Dieu œuvrait selon son propre plan pour le mariage établi à l'aube de l'histoire de l'humanité, tout comme ce fut le cas pour Lydia, puis pour Ruth. Dieu avait prévu le genre d'épouse dont j'aurais besoin; il l'a préparée avec soin pour moi, l'a placée sur mon chemin et me l'a désignée comme l'aide qu'il m'avait choisie.

A chaque fois également, l'accomplissement du plan de Dieu a produit la fusion de deux personnes en une, ce qui est le but final du mariage.

* * * * * * *

LE SENTIER DIVIN VERS LE MARIAGE

4. LA PORTE

Dans le premier chapitre j'ai rapidement souligné les principes bibliques qui permettent d'entrer dans le mariage; dans les deux chapitres suivants, j'ai montré comment mon expérience personnelle du mariage - d'abord avec Lydia, puis avec Ruth - était étrangement en rapport avec le modèle biblique. Puisque la compréhension de ces principes est fondamentale pour tout ce qui suit, il est utile à ce stade de les récapituler en détail:

1. Dieu lui-même a institué le mariage au début de l'histoire humaine. L'homme n'a aucun rôle dans sa planification. Sans révélation divine, l'homme ne peut le comprendre et encore moins l'intégrer à son expérience.

2. La décision du mariage de l'homme venait de Dieu et non de l'homme.

3. Dieu connaissait le genre d'aide dont l'homme avait besoin. L'homme, lui, n'en savait rien.

4. Dieu a préparé la femme pour l'homme.

5. Dieu a présenté la femme à l'homme. L'homme n'a pas eu besoin d'aller la chercher.

6. Dieu a décidé de la nature de leur vie ensemble. Le but final était l'unité.

7. Jésus soutient le plan du mariage originel comme liant tous ceux qui veulent devenir ses disciples. Il est toujours valable aujourd'hui.

Le critère que Dieu a ainsi établi pour le mariage est élevé, mais pas impossible à atteindre. Des chrétiens dans le monde entier, de différentes races et de différents milieux, peuvent attester que le plan de Dieu fonctionne. Tout chrétien voulant remplir les conditions peut en expérimenter les résultats dans sa vie.

Quelles sont donc ces conditions? Il y a une condition de première importance, qui est comme une porte sur le seuil de la vie que Dieu a préparée pour son peuple. Tous ceux qui veulent entrer dans son plan pour leur vie doivent passer par cette porte. Cela s'applique tout spécialement pour le plan de Dieu pour le mariage, et couvre également tous les autres domaines de la vie chrétienne.

Dans Romains 12:1, Paul nous met en face de cette porte: **"Je vous exhorte donc, frères, par les compassions de Dieu, à offrir vos corps comme un sacrifice vivant, saint, agréable à Dieu, ce qui sera de votre part un culte raisonnable."** Dans les onze chapitres précédents de Romains, Paul a parlé de la grâce de Dieu envers la race humaine et de tout ce qu'il a prévu pour tous les hommes, juifs et gentils, par la mort en sacrifice de Christ. Là, il en vient à la réponse de ce que Dieu demande à chacun. Elle est simple et concrète: offrez vos corps à Dieu comme un sacrifice vivant.

C'est un sacrifice que Dieu nous demande pour que son plan fonctionne. Mais pourquoi Paul souligne-t-il que cela doit être un sacrifice *vivant*? Parce qu'il l'oppose aux sacrifices de l'Ancien Testament avec les animaux, qui étaient d'abord tués puis placés morts sur l'autel. Dans le Nouveau Testament Dieu demande à chaque chrétien d'offrir son corps sur l'autel - mais ce doit être un corps vivant, actif et consacré à son service. Il n'y a pas de différence en ce qui concerne l'intégralité du sacrifice. Dans le Nouveau Testament, comme dans l'Ancien, Dieu demande un abandon complet et sans réserve.

Offrir votre corps à Dieu de cette façon signifie que vous ne vous appartenez plus et que vous ne le contrôlez plus. Vous ne décidez plus là où il doit aller, ce qu'il doit porter ou manger, ou quel service il doit rendre. Tout est maintenant décidé par celui auquel vous avez abandonné votre vie afin qu'il la contrôle pleinement. Puisqu'il est votre Créateur, il sait mieux que vous ce qu'il peut accomplir en vous et à travers ce corps que vous lui avez abandonné.

Le premier résultat de cet abandon, c'est que votre corps devient saint. Dans Matthieu 23:19, Jésus rappelle aux pharisiens que c'est l'autel qui sanctifie - ou rend saint - le sacrifice placé dessus, et non le contraire. Cela s'applique à votre corps lorsqu'il est placé sur l'autel de Dieu. Par cet acte, il est sanctifié, rendu saint, mis à part pour Dieu.

Cela a une signification toute particulière pour ceux qui envisagent le mariage car celui-ci est l'union par laquelle deux corps ne font plus qu'un. Depuis le début, Dieu a déclaré: "Les deux deviendront une seule chair." Quel privilège sans prix d'amener à cette union un corps qui a été rendu saint!

Malheureusement, de nombreux jeunes aujourd'hui gens ont violé et souillé leurs corps dans la drogue, le sexe illicite ou contre nature, ou par de nombreuses autres pratiques dégradantes. Est-il possible pour de telles personnes d'amener à l'union maritale un corps qui a été rendu saint, et qui ne soit plus un sujet de honte? Oui. Par l'autel donné par la mort de Jésus sur la croix, Dieu offre même à ces personnes un corps saint. Car le sang de Jésus répandu sur l'autel "nous purifie de tout péché" (1 Jean 1:7).

Paul avertit les chrétiens de Corinthe qu'il n'y a pas de place dans le ciel pour "**les débauchés, ni les idolâtres, ni les adultères, ni les efféminés, ni les homosexuels, ni les voleurs, ni les cupides, ni les ivrognes, ni les outrageux, ni les ravisseurs**" (1 Corinthiens 6:9-10); il termine sa liste en disant: **"Et c'est là ce que vous étiez, quelques-uns d'entre vous. Mais vous avez été lavés, mais vous avez été sanctifiés, mais vous avez été justifiés au nom du Seigneur Jésus-Christ, et par l'Esprit de notre Dieu."** (Traduction Segond, nouvelle édition de Genève)

Plus loin, Paul écrit au même peuple et dit: **"... parce que je vous ai fiancés à un seul époux, pour vous présenter à Christ comme une vierge pure"** (2 Corinthiens 11:2) Quelle transformation incroyable Paul nous décrit ici - des profondeurs de la dégradation à la justice sans tache et la sainteté! Tel est le pouvoir du sang de Jésus pour ceux qui offrent leur corps sur son autel.

Dans Romains 12:2, Paul continue en décrivant le second résultat de l'abandon de son corps sur l'autel de Dieu: **"Ne vous conformez pas au siècle présent, mais soyez transformés par le renouvellement de votre intelligence, afin que vous discerniez quelle est la volonté de Dieu, ce qui est bon, agréable et parfait."**

En réponse à votre abandon, Dieu fera pour vous ce que vous ne pouvez réaliser par aucun effort de votre propre volonté: il renouvellera votre intelligence. Il changera votre façon de penser. Cela comprend vos buts, vos valeurs, vos attitudes et vos priorités. Tous seront en accord avec ceux de Dieu.

Ce changement intérieur trouvera son expression par votre attitude extérieure. Vous ne vous conformerez plus au monde en agissant comme les gens non régénérés qui vivent autour de vous. Au lieu de cela, vous serez "transformé" et vous commencerez à démontrer dans votre conduite la véritable nature et le caractère de Dieu.

A moins que vous ne commenciez à expérimenter ce renouvellement de votre intelligence, il y a beaucoup de choses merveilleuses que Dieu a préparées pour vous que vous ne pouvez pas découvrir. Dans Romains 8:7, Paul appelle l'intelligence non renouvelée "l'affection de la chair" qui est **"inimitié contre Dieu parce qu'elle ne se soumet pas à la loi de Dieu, et qu'elle ne le peut même pas"**. Dieu ne révélera pas ses secrets et n'ouvrira pas ses trésors à un esprit qui est inimitié contre lui. Mais lorsque votre intelligence est renouvelée, vous commencez à découvrir tout ce que Dieu a prévu pour votre vie.

Le déroulement du plan de Dieu pour votre intelligence renouvelée est progressif. Paul utilise trois mots pour cela: bon, agréable et parfait.

Votre première découverte sera que le plan de Dieu pour vous est toujours bon. Dieu n'a jamais de projet mauvais ou néfaste pour ses enfants. En faisant cette découverte, vous aurez probablement à rejeter les mensonges du diable. Il vous suggérera avec insistance que l'abandon total à la volonté de Dieu vous coûtera tout ce qui est intéressant et excitant dans la vie. Il murmurera à votre esprit des insinuations négatives: "Tu vas devoir abandonner tout ce que tu aimes ... Tu ne seras plus qu'un esclave ... Ce genre de vie ne laisse pas de place à l'amusement ... Tu vas perdre tous tes amis ... Ta personnalité ne se développera pas ..." etc.

En fait, c'est le contraire qui est vrai. Non seulement le plan de Dieu est bon, mais il est aussi agréable. L'abandon total à Dieu est la porte ouverte à une vie remplie de défis et de plaisirs qui ne peuvent s'expérimenter autrement. Tout au long de ma vie, j'ai rencontré de nombreux chrétiens ayant fait ce choix. Je n'en ai encore rencontré aucun qui l'ait regretté. Je connais d'autres chrétiens qui ont été mis au défi de s'abandonnner et qui ont refusé. A peu d'exceptions près, tous finissent frustrés et insatisfaits.

Lorsque vous continuez à progresser dans votre découverte du plan de Dieu, vous allez au-delà du bon et du plaisant vers le parfait. Dans son ensemble, le plan de Dieu est parfait. Il est aussi complet. Il n'y a pas d'omission. Il couvre tous les domaines de votre vie, en satisfait tous les besoins et toutes les aspirations.

Si le mariage fait partie du plan de Dieu pour vous, alors vous pouvez lui faire confiance pour réaliser chaque détail à la fois pour vous et pour le conjoint qu'il vous a destiné. Il vous unira à une personne qui est exactement celle qu'il vous faut, afin qu'ensemble vous puissiez expérimenter le mariage comme Dieu l'a prévu dès le commencement. Ce sera à un niveau plus élevé que celui auquel le monde aspire.

Vous ne vous êtes peut-être jamais totalement abandonné à Dieu. Vous n'avez jamais "offert vos corps comme un sacrifice vivant". Vous ne saviez peut-être pas que Dieu vous le demandait. Mais vous vous trouvez maintenant devant la porte, celle de l'abandon total. Vous aspirez à explorer tout ce qui se trouve de l'autre côté, pourtant vous avez peur. Vous entendez déjà les murmures et les insinuations du diable.

Laissez-moi vous dire que je comprends vos sentiments. Il y a plus de quarante ans, je me trouvais devant cette même porte. J'ai éprouvé les mêmes tensions intérieures: le désir d'explorer tout ce qu'il y avait de l'autre côté et la crainte de ce que cela pourrait me coûter. Mon esprit était plein de questions. Que vont dire mes amis? Et ma famille? Que va-t-il advenir de ma carrière universitaire? Finalement, j'ai pris la décision. J'ai engagé entièrement ma vie envers Dieu.

Je n'ai ni regretté, ni été tenté de revenir en arrière une seule fois. Cela m'a ouvert la porte à une vie plus riche, plus remplie, plus excitante que ce que j'aurais imaginé. Il y avait même une épouse que Dieu m'avait préparée dans deux mariages successifs. Il y a une chose que je peux dire avec assurance: le plan de Dieu marche!

Je ne peux pas vous forcer à franchir cette porte. Dieu non plus. Mais je peux vous montrer comment le faire. Tout ce dont vous avez besoin, c'est de prendre une décision, suivie d'une simple prière. Si vous êtes prêt à prendre cette décision, voici ce que vous pouvez dire:

"Seigneur Jésus Christ, je te remercie parce que sur la croix tu t'es donné en sacrifice pour mes péchés, afin que je sois pardonné et que j'aie la vie éternelle. En retour, je veux maintenant me donner à toi. Je t'offre mon corps comme un sacrifice vivant sur ton autel.

A partir de maintenant, je t'appartiens entièrement. Fais de moi ce que tu veux; conduis-moi où tu veux. Révèle tes plans pour ma vie."

Scellez maintenant votre décision en remerciant le Seigneur. Remerciez-le parce qu'il vous a entendu et qu'il vous a reçu. Remerciez-le parce que dorénavant toute votre vie lui appartient. Vous êtes sa responsabilité. Il ouvrira toutes les portes afin que sa volonté s'accomplisse pour vous. Il accomplira tout le plan et le dessein qu'il a pour votre vie.

Pour tous ceux qui se sont engagés sans restriction envers le Seigneur - soit en lisant ces pages, soit auparavant -, je peux vous offrir une garantie: si vous lisez ce livre, suivez les conseils à propos du mariage, vous découvrirez ce que Dieu a prévu pour ce domaine de votre vie, et son plan sera accompli. Mais souvenez-vous: à partir de maintenant, vous ne prenez plus vos propres décisions. Vous découvrirez les décisions de Dieu et les ferez vôtres.

Il y a une autre chose à se rappeler également: Dieu donne le meilleur à ceux qui lui laissent le choix.

* * * * * * *

5. QUATRE ATTITUDES A CULTIVER

Maintenant que votre esprit est renouvelé par le Saint-Esprit, vous pouvez continuer vers les deux domaines dans lesquels vous devrez mettre votre vie en règle avec les conditions de Dieu - vos attitudes, et vos actions. Ce chapitre mettra l'accent sur les attitudes et le suivant sur les actions.

Il est essentiel de les mettre dans l'ordre; d'abord les attitudes, puis les actions. Dans toute conduite humaine, les attitudes précèdent et déterminent les actions. Les ignorer et se concentrer sur les actions, c'est mettre la charrue devant les bœufs.

C'est sur ce point que Jésus a insisté dans le sermon sur la montagne. La loi de Moïse mettait largement l'accent sur les actes extérieurs tels que le meurtre ou l'adultère, tandis que Jésus soulignait les attitudes intérieures: la colère, la haine, la convoitise venant du cœur. De bonnes actions découleront inévitablement de bonnes attitudes, tandis que de mauvaises attitudes ne peuvent produire de bonnes actions.

Je crois qu'il y a, dans quatre domaines spécifiques, des attitudes que vous devez cultiver si vous voulez entrer dans le plan de Dieu pour le mariage. Premièrement, votre attitude envers le mariage; deuxièmement, votre attitude envers vous-même; troisièmement, votre attitude envers les gens; quatrièmement, plus spécifiquement, votre attitude envers vos parents.

Plus spécifiquement, dans la troisième catégorie, votre attitude envers les autres sera bien sûr un facteur déterminant de votre attitude envers l'épouse que Dieu vous a préparée.

Premièrement, donc, votre attitude envers le mariage. Ici, il y a deux exigences: le respect et l'humilité.

Etes-vous prêt à envisager le mariage avec le respect

que cela demande? Pouvez-vous considérer qu'il s'agit d'un mystère sacré, formé de toute éternité dans l'Esprit de Dieu et révélé à l'homme pour lui procurer un bienfait infini et le bénir?

Tout chrétien qui envisage le mariage devrait lire et relire les paroles de Paul dans Ephésiens 5:25 -32:

"Maris, aimez vos femmes, comme Christ a aimé l'Eglise, et s'est livré lui-même pour elle, afin de la sanctifier, après l'avoir purifiée par l'eau et la parole, afin de faire paraître devant lui cette Eglise glorieuse, sans tache, ni ride, ni rien de semblable, mais sainte et irrépréhensible. C'est ainsi que les maris doivent aimer leurs femmes comme leurs propres corps. Celui qui aime sa femme s'aime lui-même. Car jamais personne n'a haï sa propre chair; mais il la nourrit et en prend soin, comme Christ le fait pour l'Eglise, parce que nous sommes membres de son corps, étant de sa chair et de ses os. C'est pourquoi l'homme quittera son père et sa mère et s'attachera à sa femme, et les deux deviendront une seule chair. Ce mystère est grand; je dis cela par rapport à Christ et à l'Eglise."

Comprenez-vous ce que Paul dit ici? Le mariage humain est une image terrestre de la relation entre Christ et son Eglise. L'union dont un homme jouit avec sa femme préfigure l'union que Christ aura avec son Eglise - une union dans laquelle Dieu, le Créateur, et l'homme, la créature, seront réunis en une unité intime, parfaite et éternelle. Seule la grâce surnaturelle de Dieu peut amener un homme et une femme à une relation qui préfigure quelque chose de si grand et de si sacré.

La contemplation respectueuse de ce mystère doit inévitablement amener chacun d'entre nous à un moment où nous disons: "Seigneur, je ne peux pas comprendre tout ce que tu as préparé pour moi dans le mariage, et encore moins le réaliser par mes propres efforts. Je mets donc humblement mes mains dans les tiennes et je te demande de m'enseigner et de me guider."

Si vous avez cette attitude, vous pouvez vous reposer dans l'assurance du Psaume 25:9: **"Il** (Dieu) **conduit les humbles dans la justice, il enseigne aux humbles sa voie."** A sa façon et en son temps, Dieu mettra la clé entre vos mains.

Peut-être qu'à ce stade, vous vous dites: "C'est trop grand pour moi, trop difficile. Je n'en suis pas digne et je ne m'en sens pas capable."

Une telle réaction n'est pas nécessairement mauvaise. De nombreux mariages ratés l'ont été à cause de gens qui y entraient sans vraiment considérer tout ce qui leur était demandé. Malheureusement, cela n'est pas seulement vrai pour les non-chrétiens. Cela concerne aussi des chrétiens.

Cependant, à ce stade, vous vous trouvez face à la deuxième question essentielle: votre attitude envers vous-même.

Le sentiment de votre valeur personnelle est l'un des éléments les plus importants pour réussir votre vie, et pas seulement en ce qui concerne le mariage. C'est également l'un des bienfaits inestimables que votre foi en Christ vous donne. Mais vous ne l'avez peut-être pas encore découvert.

De nombreux problèmes personnels peuvent vous venir à l'esprit: "J'ai eu une enfance malheureuse", "mes parents étaient divorcés", "je n'ai jamais rien réussi." "Je ne me sens pas à l'aise avec les gens, en particulier ceux du sexe opposé," "je ne vois pas ce que la vie me réserve", etc.

Tout cela est peut-être vrai; mais si vous êtes chrétien, ce n'est plus valable. Ecoutez ce que Paul dit: **"Si quelqu'un est en Christ, il est une nouvelle créature. Les choses anciennes sont passées, voici toutes choses sont devenues nouvelles."** (2 Corinthiens 5:17)

Par la nouvelle naissance, vous êtes devenu une nouvelle créature. Dieu ne vous a pas pris comme vous étiez pour simplement faire quelques ajustements et vous améliorer.

Il vous a entièrement renouvelé, à l'intérieur comme à l'extérieur. Pour Dieu, vos péchés passés et vos échecs ne sont pas seulement pardonnés; leur souvenir a été complètement effacé. Il vous a donné un nouveau départ. C'est à vous d'accepter cela par la foi et d'agir en conséquence.

Dans l'ordre naturel, ce qui permet à une personne de s'accepter et de se sentir valorisée, c'est l'amour, le soin et la discipline des parents. Avec cette base, elle est sûre de son identité. Elle sait qui elle est et d'où elle vient. Cependant, depuis la Seconde Guerre mondiale, cela a beaucoup changé à cause de pères délinquants ou démissionnaires dans leur rôle, féminisés, et par des mères qui étaient également soit délinquantes ou soit se battaient en vain pour remplir à la fois le rôle du père et de la mère. Le résultat, c'est que nous nous retrouvons avec une génération d'enfants sans parents qui sont devenus adultes en traînant derrière eux un sentiment d'insuffisance et d'insécurité qui les paralyse.

C'est l'une des principales causes des mariages ratés et des relations brisées. Les gens manquant d'assurance sont difficiles à vivre. Ils ne peuvent pas avoir de relation suivie, mais ont continuellement besoin de quelque chose les aidant à avoir de l'estime envers eux-mêmes. Mais rien ne dure longtemps. De telles personnes ne savent pas recevoir l'amour, et ne peuvent pas en donner. Le second commandement nous demande d'aimer notre prochain comme nous nous aimons nous-mêmes. Si nous n'avons pas appris à nous aimer, nous n'avons rien à apporter à notre prochain.

Par la foi en Christ, Dieu a donné un remède divin à cet état si répandu dans notre société. Il est devenu notre Père céleste. Il nous a personnellement adoptés comme ses enfants. Il nous "a acceptés en son bien-aimé" - c'est-à-dire en Jésus Christ. Nous ne sommes plus abandonnés ni orphelins. Nous ne sommes plus des étrangers ni des gens du dehors. Nous appartenons à la meilleure famille du monde, celle de Dieu. Et parce que Dieu nous a acceptés, nous pouvons nous accepter nous-mêmes. Agir autrement, c'est de l'incrédulité évidente.

Légalement, tout cela est pleinement vrai à partir du moment où nous naissons de nouveau. Cependant, par notre expérience, nous devons cultiver une vision toujours plus grande de ce que nous sommes devenus dans la famille de Dieu. Pour y parvenir, nous devons nous contempler de longues heures dans le miroir de la parole de Dieu. Nous arrivons à voir étape par étape et détail par détail ce que signifie être un enfant de Dieu. Lorsque nous nous contemplons dans le miroir divin, l'Esprit de Dieu œuvre en nous, nous transformant à l'image de ce que nous voyons.

C'est ce processus que Paul décrit dans 2 Corinthiens 3:18: **"Nous tous qui, le visage découvert, contemplons comme dans un miroir la gloire du Seigneur, nous sommes transformés en la même image, de gloire en gloire, comme par le Seigneur, l'Esprit."**

Une fois que vous avez établi une bonne attitude envers vous-même, basée sur votre relation avec Dieu comme Père, vous êtes prêt à considérer le troisième point important: vos relations avec les autres.

Au commencement de l'histoire humaine, la rébellion de l'homme contre Dieu et la chute qui s'ensuivit l'enfermèrent dans l'étroite prison de l'ego. Depuis ce temps, l'égocentrisme a été l'un des effets les plus évidents de l'influence du diable dans la vie humaine. En délivrant ceux qui étaient captifs d'esprits malins, j'ai observé que de telles personnes sont presque toujours centrées sur elles-mêmes. Elles aiment passer des heures dans des séminaires de relation d'aide et discourir longuement de tous les détails ennuyeux de leurs problèmes. Elles ne voient pas que plus elles parlent d'elles-mêmes, plus elles renforcent les barreaux de leur propre prison.

L'un des grands effets de la rédemption en Christ est la libération de cette prison du moi. L'identification à Christ nous rend capables d'avoir des relations avec les autres comme lui-même en a eues. Dans un langage simple et concret, Paul explique comment cela fonctionne: **"Que chacun de vous, au lieu de considérer ses propres intérêts, considère aussi ceux des autres. Ayez en vous les sentiments qui étaient en Jésus-Christ..."** (Phillipiens 2:4-5)

Il existe deux causes principales aux mariages brisés ou malheureux: le manque de considération et le manque de sensibilité chez l'un ou l'autre. Cela mène à une rupture de la communication.

Ces problèmes peuvent se manifester dans différentes sortes d'attitudes, selon le tempérament des personnes. Certaines de ces manifestations les plus courantes sont l'infidélité sexuelle, les disputes et les querelles, chacune des parties faisant son chemin et se construisant une vie séparée et indépendante. Toutes ces manifestations ont une chose en commun: elles empêchent le but final de Dieu dans le mariage qui est l'unité.

La grâce de Dieu dans la rédemption nous offre deux antidotes positifs: l'appréciation et la reconnaissance. L'appréciation, c'est la réaction intérieure, et la reconnaissance l'expression extérieure. Elles agissent toutes deux comme un lubrifiant qui permet à deux personnes de vivre en harmonie.

Alors, cultivez-les! Approchez chaque situation et chaque relation de façon positive. Cherchez tout ce qui est bon, petit ou grand. Lorsque vous trouvez le bien, assurez-vous que vous ayez exprimé votre appréciation. Cela fera de vous une personne facile à vivre. Faites cela pour toutes vos relations et, en fin de compte, vous en récupérerez les bénéfices dans un mariage harmonieux.

Supposons que vous ayez prié sincèrement pour un conjoint et que votre Père céleste ait entendu votre prière. Vous pouvez être sûr qu'il vous prépare exactement le conjoint dont vous avez besoin, au détail près. Mais parce que c'est un Père aimant, il ne vous confiera son précieux enfant que lorsqu'il sera sûr que vous la, ou le, traiterez comme tout enfant de Dieu doit être traité.

Il reste encore une attitude importante à considérer: celle envers vos parents. Vous serez peut-être surpris de la trouver dans le sujet parlant des conditions pour arriver à un mariage réussi. Pourtant, elle y a sa place.

L'apôtre Paul cite le cinquième des dix commandements et le commente ainsi:

"Enfants, obéissez à vos parents, selon le Seigneur, car cela est juste. Honore ton père et ta mère (c'est le premier commandement avec une promesse) **afin que tu sois heureux et que tu vives longtemps sur la terre."** (Ephésiens 6:1-3)

Paul fait remarquer que les quatre commandements précédents ne contenaient pas de promesse. Mais pour celui-ci, qui concerne les parents, Dieu a ajouté une promesse particulière: "**... afin que tu sois heureux...**" En même temps, la promesse comprend une condition: si tu veux être heureux, tu dois être attentif dans le fait d'honorer tes parents. A l'inverse, si tu n'honores pas tes parents, tu ne peux pas espérer être heureux.

Souvenez-vous qu'il est possible d'honorer vos parents sans être d'accord avec eux sur tous les points ni approuver tout ce qu'ils font. Vous pouvez être fortement en désaccord avec eux sur certains sujets, et pourtant garder envers eux une attitude respectueuse. Honorer vos parents ainsi, c'est également honorer Dieu qui a donné ce commandement.

Je suis convaincu qu'une bonne attitude envers les parents est une condition essentielle à la bénédiction de Dieu dans une vie. Durant toutes les années où j'ai côtoyé des chrétiens dans l'enseignement, le pastorat, le conseil et d'autres ministères, je n'en ai jamais rencontré aucun ayant une mauvaise attitude envers ses parents et qui était béni de Dieu. Une telle personne peut être zélée dans de nombreux domaines de la vie chrétienne, active dans l'église, énergique dans le ministère, elle peut avoir une place préparée dans le ciel. Pourtant, il y a toujours quelque chose qui lui manque: la bénédiction et la faveur de Dieu.

J'ai vu, au contraire, de nombreux chrétiens dont les vies ont été révolutionnées lorsqu'ils ont reconnu une mauvaise attitude envers leurs parents, s'en sont repentis et ont fait les changements nécessaires. Je me souviens d'un homme qui toute sa vie avait eu de l'amertume et de la haine envers son père. Bien que celui-ci soit mort, cet homme fit des centaines de kilomètres pour aller au cimetière où son père était enterré. S'agenouillant devant la tombe, il répandit son cœur devant Dieu dans la contrition et la repentance. Il ne se releva pas avant d'avoir eu l'assurance du pardon et il fut libéré des effets néfastes de son attitude. Depuis ce jour, toute sa vie a changé et il est passé de la frustration et de la défaite à la victoire et à l'accomplissement.

De nombreux jeunes couples se débattent avec des problèmes dans leur mariage dont ils ne peuvent voir la cause. Ils sont engagés avec le Seigneur et l'un envers l'autre. Ils s'aiment réellement. Pourtant, il y a quelque chose d'indéfinissable qui manque et qui est la faveur de Dieu. Dans de tels cas, je leur recommande toujours d'examiner leur attitude envers leurs parents et de faire les changements que demande l'Ecriture. Souvent, cela a transformé un couple en conflit en couple heureux.

A notre époque, où les parents démissionnent, il faut reconnaître que de nombreux enfants peuvent avoir des griefs légitimes. Souvent, ils ont grandi dans des familles divisées, en conflit, sans aucun amour, ni soin, ni discipline qu'un enfant est en droit d'attendre de ses parents. Néanmoins, cela ne justifie pas les mauvaises attitudes de ressentiment ou de rébellion. De plus, de telles attitudes sont extrêmement néfastes pour ceux qui les éprouvent - plus mortelles à long terme qu'une maladie telle que le cancer.

Il m'est arrivé de conseiller un jeune homme qui était fiancé à une jolie jeune fille chrétienne. Il aimait sincèrement sa fiancée, pourtant parfois son attitude envers elle se transformait en haine et en rage, frisant la violence. A sa grande surprise, je l'interrogeai d'abord sur son attitude envers son père plutôt que sur celle envers sa fiancée.

Il admit qu'il haïssait son père et qu'il s'était rebellé contre lui depuis son enfance. Je le persuadai de confesser cela comme un péché, d'abandonner sa rébellion et de pardonner à son père. Depuis ce jour, il n'a plus eu de problème avec sa fiancée. S'il n'avait pas été libéré de sa mauvaise attitude envers son père, il aurait fini par gâcher son mariage.

En fin de compte, cultiver une bonne attitude envers ses parents n'indique pas nécessairement un haut niveau spirituel. C'est simplement se rendre compte de son propre intérêt.

"Supposons que mes parents me demandent de faire quelque chose de mal, qui est contraire à la Bible, peut me demander une jeune personne. Est-ce que cela veut dire que je doive leur obéir?"

La réponse à cette question est un non clair et net. S'il y a réellement un choix précis entre obéir à Dieu ou à ses parents, notre réponse doit être celle de Pierre devant le sanhédrin: "Il faut obéir à Dieu plutôt qu'aux hommes." (Actes 5:29) Si, au contraire, il s'agit d'une jeune personne exprimant sa propre volonté sur un sujet où la désobéissance envers Dieu n'est pas en cause, alors l'obligation d'obéir aux parents demeure.

Cependant, la question principale n'est pas l'obéissance, mais la soumission. L'obéissance est un acte, mais la soumission est une attitude. Même dans une situation dans laquelle un jeune chrétien décide que pour obéir aux parents il faudrait désobéir à Dieu, il peut tout de même garder une attitude de soumission. Il peut dire à ses parents: "Dans ce cas, ma conscience ne me permet pas de faire ce que vous me demandez, mais je vous respecte et je vous honore."

Il arrive souvent que l'attitude de respectueuse soumission d'une jeune personne apporte un changement dans l'attitude des parents. La soumission permet à Dieu d'intervenir, tandis que l'obstination lui ferme la porte.

En conclusion, souvenez-vous de l'avertissement de Jésus dans Marc 4:24: **"On vous mesurera avec la mesure dont vous vous serez servis, et on y ajoutera pour vous."** La façon dont vous vous comportez avec les autres - les parents, la famille, les amis, les frères et sœurs - déterminera la façon dont ils se comportent avec vous. Plus important encore, cela déterminera la façon dont Dieu se comportera avec vous. On vous mesurera avec la même mesure dont vous vous serez servis.

* * * * * * *

6. HUIT CONSEILS A SUIVRE

Avez-vous été attentif aux attitudes qui vous permettront de construire un mariage heureux? S'il en est ainsi, il est maintenant temps de considérer le genre d'actions dont vous avez besoin dans la vie quotidienne si vous voulez trouver et suivre le chemin qui conduit au mariage que vous désirez. Ce chapitre énumère huit actions, toutes basées sur l'Ecriture.

Avant de commencer à les lire, vous devez cependant comprendre qu'il ne s'agit pas d'une série de règles rigoureuses. Le succès de la vie chrétienne ne s'obtient pas simplement en énumérant et en respectant des règles. En fait, les gens qui vivent de cette façon sont souvent frustrés, parce qu'ils n'ont pas saisi la différence entre la loi et la grâce.

La loi opère par une série de règles extérieures, gravées sur des tablettes de pierre. La grâce agit par des lois écrites par le Saint-Esprit dans le cœur humain. Seul le Saint-Esprit qui est appelé "le doigt de Dieu" peut atteindre le tréfonds du cœur humain et y écrire les lois de la vie. En dehors du Saint-Esprit, la grâce ne peut agir et la chrétienté devient simplement un système de moralité, bien trop élevé pour que l'être humain y arrive par ses propres efforts.

Ma pensée revient à l'orphelinat de Ramallah où Lydia et moi avons d'abord habité après notre mariage. Dans un coin du salon, il y avait une plante grimpante en pot avec de délicates feuilles brillantes. En arabe, cela s'appelait dahahiya - celle qui est en or. Avec le temps, elle est montée le long du mur où elle se trouvait, pour finir par atteindre le mur opposé et cela en passant par le plafond.

Lydia l'avait aidée à grandir de cette façon par un truc tout simple. Sur le chemin qu'elle voulait que la plante suive - d'abord le mur, puis le plafond -, elle avait enfoncé de petits clous dont la tête sortait un peu. Par quelque instinct donné par le Créateur, la plante se mit en vrille autour de chaque petit clou, s'enroulant autour pour atteindre ensuite le clou suivant. Ainsi, les clous déterminaient le chemin de la croissance de la plante. J'aimerais que vous utilisiez les enseignements qui suivent dans ce chapitre comme cette plante a utilisé les clous dans le mur et le plafond. Considérez-les comme des conseils et non comme des règles. Par l'impulsion et la puissance du Saint-Esprit en vous, hissez-vous jusqu'au conseil suivant. Pratiquez-le dans votre vie quotidienne jusqu'à ce que vous y soyez bien attaché. Puis, allez de cette façon vers les conseils successifs. Et souvenez-vous que cela demande la prière continuelle. Dans Ecclésiaste 12:11, Salomon utilise une image similaire pour montrer le genre d'enseignement que Dieu utilise pour son peuple: **"Les paroles des sages sont comme des aiguillons; et rassemblées en un recueil elles sont comme des clous plantés, données par un seul maître."**

En abordant ces conseils, considérez-les ainsi: comme des aiguillons pour vous pousser en avant dans la vie chrétienne, et comme des clous que vous pouvez atteindre en vous enroulant autour d'eux par la foi. Souvenez-vous également qu'ils sont tous donnés par un seul berger, le Seigneur Jésus, le berger de votre âme, qui vous aime et qui a pourvu pleinement à votre bien-être.

CONSEIL N° 1: **"Ta Parole est une lampe à mes pieds et une lumière sur mon sentier."** (Psaume 119:105)

David décrit ici la façon dont nous pouvons trouver le chemin de Dieu pour notre vie. La lumière dont nous avons besoin nous est donnée par la parole de Dieu. Tant que nous pratiquons l'obéissance à cette Parole dans chaque situation, nous ne nous éloignerons jamais du chemin que Dieu nous a tracé. Nous ne voyons peut-être pas toujours où le chemin nous mène, mais nous pouvons nous reposer dans l'assurance qu'avec le temps Dieu nous amènera à l'accomplissement de son plan pour notre vie.

Comme j'ai écrit ailleurs:

"Il y aura des moments où le monde autour de nous sera ténébreux. Nous ne pourrons pas voir plus loin que quelques mètres devant nous. Il y aura peut-être des problèmes insolubles, des dangers à chaque coin; mais au milieu de tout cela, nous aurons cette assurance: si nous obéissons sincèrement à la parole de Dieu comme elle nous est révélée pour chaque situation, nous ne marcherons jamais dans les ténèbres. Nous ne mettrons jamais le pied dans des lieux perfides qui nous feraient trébucher et nous porteraient préjudice ou nous conduiraient au désastre.

Cette assurance ne s'applique cependant qu'à une seule zone: celle où nous allons faire le prochain pas. Dieu ne nous a pas promis qu'il nous montrerait plus d'un pas à la fois. Au-delà, nous n'avons aucun moyen de savoir ce qui nous attend - mais ce n'est pas notre problème. Tout ce que Dieu nous demande, c'est de faire le pas suivant d'obéissance à sa Parole.

Le plus grand danger pour nous sera de chercher à scruter les ténèbres au-delà de l'étape suivant. En faisant cela, nous pouvons rater notre prochain pas, qui est le seul endroit illuminé pour nous."

Soyons assurés, puisque l'obéissance à la parole de Dieu nous gardera sur le chemin qui conduit au mariage qu'il a prévu pour nous.

CONSEIL N° 2: **"Mais si nous marchons dans la lumière, comme il est lui-même dans la lumière, nous sommes mutuellement en communion..."** (1 Jean 1:7)

Ce conseil suit naturellement le premier à propos de la marche à la lumière de la parole de Dieu. Celui-là traite de la conséquence de la marche dans la lumière: *"Nous sommes mutuellement en communion."* L'obéissance à la parole de Dieu amène automatiquement les chrétiens ensemble et leur permet d'être en relation les uns avec les autres.

Le contraire est également vrai. Les chrétiens jouissant pas de la communion avec d'autres chrétiens ne marchent pas dans la lumière. Il y a des domaines de leur vie où ils n'obéissent pas à la parole de Dieu. Les seules exceptions seraient des chrétiens qui, à cause de circonstances indépendantes de leur volonté, sont coupés de la communion avec d'autres chrétiens. Ce fut vrai dans mon cas durant des mois dans les déserts d'Afrique du Nord. Un autre exemple est celui des chrétiens emprisonnés à cause de leur foi.

A part ces exceptions, la communion avec d'autres chrétiens est essentielle au succès et aux progrès dans la vie chrétienne. C'est à la fois le test et le résultat de la marche dans la lumière de la parole de Dieu.

Si nous ne cultivons pas la communion avec les frères, avec qui serons-nous en communion? Il n'y a qu'une seule alternative: avec des non chrétiens. La Bible nous avertit sérieusement à ce propos:

"Ne vous mettez pas avec les infidèles sous un joug étranger. Car quel rapport y a-t-il entre la justice et l'iniquité? Ou qu'y a-t-il de commun entre la lumière et les ténèbres? Quel accord y a-t-il entre Christ et Bélial? Ou quelle part a le fidèle avec l'infidèle?" (2 Corinthiens 6:14-15)

Paul ne nous dit pas d'être froids ou hostiles envers nos voisins non chrétiens. Il nous avertit simplement que nous ne pouvons pas établir avec des inconvertis des relations intimes qui sont réservées aux chrétiens. Evidemment, il a en tête différents types de relations. Mais le premier mot qu'il utilise - joug - est en général utilisé pour la relation dans le mariage. En premier lieu, Paul nous avertit qu'il est toujours néfaste pour un chrétien de se marier avec un non chrétien.

Je ne peux pas dire cela plus catégoriquement à chaque chrétien célibataire qui lit ces pages; vous n'êtes pas libre de vous marier avec un non chrétien. Vous n'êtes même pas libre d'en entretenir la pensée. A partir de maintenant, si vous ne l'avez pas déjà fait, faites-vous à l'idée que le mariage avec un inconverti est en dehors du plan de Dieu pour votre vie.

La meilleure protection contre les mauvaises relations, ce sont les bonnes relations. Cultivez donc avec zèle la communion et l'amitié avec des chrétiens. Dans la plupart des cas, le mariage provient de relations déjà existantes. Si vous avez construit des relations fortes avec d'autres chrétiens, vous ne serez pas tenté d'envisager le mariage avec un non chrétien.

Le plus sûr est de décider dès maintenant le genre de relation que vous allez cultiver. Puis, affirmez votre décision au Seigneur avec les paroles du psalmiste: **"Je suis l'ami de tous ceux qui te craignent, et de ceux qui gardent tes ordonnances."** (Psaume 119:63)

CONSEIL N° 3: **"Car tous ceux qui sont conduits par l'Esprit de Dieu sont fils de Dieu."** (Romains 8:14)

Le Nouveau Testament montre deux façons différentes dont le Saint-Esprit œuvre pour faire de nous des membres de la famille de Dieu. Premièrement, afin de devenir les enfants de Dieu, nous devons être nés de nouveau de son Esprit. Puis, afin de devenir des enfants de Dieu matures, nous devons être conduits par son Esprit. De nombreux chrétiens qui sont nés de nouveau par le Saint-Esprit n'ont jamais appris à être conduits par lui. En conséquence, ils ne grandissent jamais vers une véritable maturité spirituelle et ne trouvent pas pleinement le plan de Dieu pour leur vie.

Voyons comment cela s'applique à votre besoin de trouver le bon conjoint. Imaginons que vous viviez aux Etats-Unis, un pays de près de trois cents millions d'habitants, ou en Angleterre, avec cinquante-six millions de personnes. Parmi tous ces gens, Dieu prépare une personne spécifique à être votre conjoint. Il se peut que ce soit quelqu'un que vous n'avez pas encore rencontré, et dont vous ne connaissez pas le nom. Ajoutez à cela la possibilité que ce conjoint ne vive peut-être même pas dans le même pays (ce qui était vrai pour moi pour mes deux mariages). Comment allez-vous faire pour trouver cette personne? L'image traditionnelle de l'aiguille dans une meule de foin rend bien compte de la complexité du problème.

la parole de Dieu nous donne la réponse: il faut être conduit par le Saint-Esprit. Lui seul connaît la personne qui vous est destinée et l'endroit où elle se trouve. Vous devez apprendre comment laisser l'Esprit de Dieu vous conduire.

Il y a pour cela deux mots clés: dépendance et sensibilité. Tout d'abord, reconnaissez votre totale dépendance envers le Saint-Esprit. S'il ne vous guide pas, vous manquerez le but de Dieu. Habituez-vous à chercher sa direction pour chaque situation et pour chaque décision, grande ou petite. Parfois, les décisions que vous pensez peu importantes sont les plus importantes de toutes, et vice versa. Chercher la direction du Saint-Esprit ne veut pas nécessairement dire utiliser un langage religieux dans vos prières. Cela peut juste vouloir signifier se tourner vers lui momentanément dans une pensée intérieure.

Ensuite, cultivez la sensibilité envers le Saint-Esprit. Ce n'est pas un adjudant. Il ne va pas vous hurler des ordres. Son incitation est généralement douce. Il parle d'une voix calme et douce. Si vous n'êtes pas attentif, vous ne l'entendrez pas.

Laissez-moi vous conseiller une prière spécifique que Ruth et moi faisons presque tous les jours: "Seigneur, aide-nous toujours à être à la bonne place au bon moment." Nous faisons cette prière en sachant que seul le Saint-Esprit peut l'exaucer.

Et les résultats sont souvent intéressants! Un après-midi, alors que notre fille Jésika habitait avec nous à Jérusalem, Ruth et moi allions dans le centre-ville pour faire des courses. Tandis que nous marchions dans la rue principale, je dis à Ruth: "Je sens que nous devons traverser." Nous le fîmes et continuâmes à marcher. Une minute plus tard, nous rencontrions un couple marié, amis de Jésika. Ils étaient à Jérusalem pour une demi-journée et voulaient la rencontrer, mais ils n'avaient ni notre adresse, ni notre téléphone. Pendant ce temps, Jésika était à la maison, sentant le besoin de communion fraternelle.

Grâce à cette rencontre, les amis de Jésika ont pu la voir et jouir d'une soirée de communion avec elle. La rencontre n'aurait pas eu lieu si Ruth et moi n'avions pas traversé la rue à ce moment-là. Qui nous a poussés à le faire? Le Saint-Esprit, bien sûr!

Imaginez-vous dans une situation similaire. Vous conduisez dans une rue en cherchant à vous garer pour aller acheter un hamburger. Il y a une place de chaque côté de la rue. Dans l'un des deux restaurants, il y a une jeune personne que vous n'avez jamais rencontrée mais que Dieu a préparée pour vous. "Quelque chose" pousse votre main sur le volant et vous vous garez sur le parking de gauche. A l'intérieur, vous faites connaissance avec une jeune personne qui, comme vous, a prié pour le conjoint que Dieu lui a choisi. En fin de compte, vous découvrez que c'était un rendez-vous que Dieu avait prévu pour vous deux.

Qui a saisi votre main? Le Saint-Esprit. Mais si vous n'y aviez pas répondu, vous seriez passé à côté du plan de Dieu pour votre vie. Il ne suffit donc pas de prier simplement. Vous devez aussi laisser le Saint-Esprit vous guider vers la réponse à votre prière.

Parfois, le Saint-Esprit vous guide sur des chemins extraordinaires ou surnaturels. D'autres fois, il œuvre à travers un coup de coude ou un murmure. Nous devons être prêts aux deux. Si nous ne sommes pas ouverts au surnaturel, nous mettons arbitrairement des limites au plan de Dieu pour notre vie. Il peut avoir prévu quelque chose qui dépasse de loin nos espérances naturelles et qu'il ne peut nous révéler que de façon surnaturelle, par une vision par exemple ou une prophétie. Si nous ne cherchons que le côté peu commun ou surnaturel, nous pouvons passer à côté du léger coup de coude ou du murmure. Ce n'est pas à nous de décider à l'avance la façon par laquelle le Saint-Esprit œuvrera. Nous devons rester sensibles quelle que soit la manière dont il nous guide.

CONSEIL N° 4: **"Garde ton cœur plus que tout autre chose, car de lui viennent les sources de la vie."** (Proverbes 4:23)

Il existe une zone centrale de la personnalité humaine et décisive pour la destinée humaine que la Bible appelle "le cœur". Ce qui guide votre cœur déterminera le cours de votre vie. Vous devez garder votre cœur plus soigneusement que n'importe quelle autre partie de votre corps. Cela s'applique particulièrement aux impulsions et aux émotions liées au sexe.

Soyez continuellement vigilant, tout d'abord en ce qui concerne ce que vous permettez d'entrer dans votre cœur. Dans notre culture contemporaine, les jeunes gens sont en particulier continuellement soumis à des influences qui sapent les critères bibliques dans le domaine du sexe et du mariage. Elles sont à œuvre dans les enseignements dans les écoles et les collèges, à travers les médias, l'incitation à regarder et par d'autres moyens difficiles à détecter. Si vous voulez trouver le plan de Dieu pour votre mariage, vous devez mettre une garde sur votre cœur afin de refuser l'intrusion de tout critère antibiblique et antichrétien.

Une autre influence dont il faut se garder, c'est celle de l'imagination. A un certain moment de l'adolescence, il est commun de s'abandonner à de douces rêveries. Mais ne leur permettez pas de se transformer en pure imagination. Si vous avez tendance à cela, résistez-y fermement et efforcez-vous d'affronter la réalité. Autrement, vous parviendrez à un point où il vous sera difficile de faire la différence entre la fantaisie et la réalité. Et lorsque vous arriverez au mariage, vous vous serez fait une image subjective et irréelle de la personne qui doit être votre conjoint.

Cela peut vous toucher de deux façons différentes. Premièrement, le conjoint que Dieu a prévu pour vous peut ne pas correspondre à l'image de votre fantaisie, et vous pouvez ne pas vouloir accepter son choix. Ou vous pouvez imposer l'image rêvée sur une personne réelle et vous marier avec elle - pour découvrir après le mariage que la véritable personne est totalement différente de l'image que vous aviez d'elle, et n'est pas du tout celle que Dieu avait choisie pour vous.

Ne soyez pas moins attentif à ce qui sort de votre cœur. Ne tolérez pas les flirts ou les relations superficielles avec le sexe opposé. Cela peut paraître excitant de vous laisser aller à vos émotions et d'être vous-même troublé, mais un jour vous découvrirez que vos émotions vous ont échappé. Tout comme l'apprenti sorcier découvrant la formule pour libérer l'eau mais ne sait plus comment l'arrêter, vous pouvez découvrir que vous avez laissé échapper vos émotions et que vous ne pouvez plus les contrôler. Résultat: des complications sentimentales avec une personne qui n'est pas du tout le conjoint que Dieu a prévu pour vous.

Voici une règle sage à suivre. Premièrement, découvrez le conjoint que Dieu a choisi pour vous. Puis, libérez vos émotions envers cette personne. Ainsi, vous n'aurez pas à arrêter le flot.

CONSEIL N° 5: **"Jamais on n'a appris ni entendu dire, et jamais l'œil n'a vu qu'un autre dieu que toi, fit de telles choses pour ceux qui se confient en lui."** (Esaïe 64:3)

Vous trouverez peut-être que ce conseil est le plus difficile de tous à suivre: Soyez prêt à attendre! Esaïe nous dit, dans ce passage, que dans tout l'univers il n'y a qu'un seul véritable Dieu, et que l'une de ses caractéristiques est qu'il agit en faveur de ceux qui se confient en lui.

Dieu ne demande pas toujours à tous ses enfants d'attendre le conjoint qu'il a choisi. Il y a des personnes qui trouvent leur conjoint de bonne heure et qui entrent sans délai dans un mariage heureux qui dure toute leur vie. C'est l'un des domaines pour lequel nous devons nous plier devant la souveraineté de Dieu. S'il nous unit rapidement au conjoint choisi, nous le louons. S'il nous demande de patienter, nous le louons de la même manière. Dieu nous traite selon la connaissance qu'il a de nous et le plan qu'il a pour chacune de nos vies.

Si vous êtes de ceux que Dieu fait attendre, soyez encouragé par le fait qu'il a demandé à bon nombre de ses serviteurs d'attendre de longues périodes pour voir l'accomplissement de sa promesse ou de son plan. Abraham a attendu d'avoir cent ans pour la naissance d'Isaac, le fils promis. Moïse a attendu quatre-vingt ans, dont quarante dans le désert, pour devenir le libérateur d'Israël. David a attendu environ quinze ans, après avoir été oint roi, avant de le devenir effectivement. Israël a attendu de nombreux siècles avant de voir le Messie. L'Eglise a attendu presque deux mille ans le retour de Jésus - et l'attend toujours.

Dieu utilise l'attente pour réaliser différents objectifs dans nos vies. Premièrement, l'attente met notre foi à l'épreuve. Seuls ceux qui croient vraiment que Dieu pourvoit sont prêts à attendre. L'apôtre Pierre nous avertit que *comme l'or est éprouvé par le feu, ainsi la foi doit être purifiée par l'épreuve* (voir 1 Pierre 1:6-7). Seule la foi qui surmonte les épreuves est considérée par Dieu comme véritable.

Ensuite, l'attente purifie nos motivations. Si Dieu vous demande d'attendre votre conjoint, vous devez vous demander pourquoi vous désirez tant vous marier. Est-ce parce que Dieu le veut pour moi ou parce que je le veux moi-même? Suis-je motivé par la volonté de Dieu ou par ma propre volonté? L'attente vous donnera la réponse à ces questions.

Troisièmement, l'attente amène notre caractère à maturité. Jacques nous dit: **"... sachant que l'épreuve de votre foi produit la patience. Mais il faut que la patience accomplisse parfaitement son œuvre afin que vous soyez parfaits et accomplis..."** (Jacques 1:3-4) Une personne qui a appris à attendre n'est plus à la merci d'humeurs et d'émotions changeantes. Elle a acquis stabilité et confiance. Au temps de Dieu, ces caractéristiques se révéleront inestimables pour construire un mariage heureux et fort.

CONSEIL N° 6: **"En vérité, en vérité, je vous le dis, si le grain de blé qui est tombé en terre ne meurt, il reste seul; mais, s'il meurt, il porte beaucoup de fruit."** (Jean 12:24)

Jésus décrit un processus qui marche dans la nature et également dans la vie du peuple de Dieu. En résumé, il nous avertit: soyez préparés à la mort et à la résurrection.

Tout comme le conseil précédent, celui-ci ne s'applique pas à tous ceux qui ont trouvé le plan de Dieu pour leur mariage. Dans mon cas, cela s'applique à mon second mariage, mais pas au premier. Je le cite ici, parce que j'ai appris par expérience combien il était important. Après avoir rencontré Ruth, j'ai su que Dieu avait placé dans mon cœur "une graine" d'amour pour elle; pourtant je devais la regarder tomber dans le sol et mourir. Si je n'avais pas compris et accepté ce principe, je n'aurais peut-être jamais eu la foi de persévérer jusqu'à la résurrection que Dieu avait préparée pour nous.

Comme à cette époque je luttais contre la volonté de Dieu dans ma vie, je criai: "Seigneur, pourquoi me donnes-tu quelque chose et me demandes-tu de te le rendre? Pourquoi tant de choses bénies doivent passer par la mort et la résurrection?"

Je sentis que Dieu me faisait cette réponse: "Parce que lorsque je ressuscite une chose, je la ressuscite comme je veux qu'elle soit, et non comme elle était auparavant."

Ce fut certainement vrai en ce qui concerne ma relation avec Ruth. Passer par la mort et la résurrection lui a donné une profondeur et une assurance qu'elle n'aurait jamais eue sans cela. Si Dieu doit vous conduire dans une expérience similaire, j'espère que notre témoignage vous donnera l'encouragement dont vous avez besoin.

CONSEIL N° 7: **"La voie de l'insensé est droite à ses yeux, mais celui qui écoute les conseils est sage."** (Proverbes 12:15) **"L'insensé dédaigne l'instruction de son père, mais celui qui a égard à la réprimande agit avec prudence."** (Proverbes 15:5)

J'ai déjà souligné, dans le chapitre traitant des bonnes attitudes à cultiver, l'importance de la bénédiction des parents. Cela donne un fondement sur lequel bâtir avec succès dans tous les domaines de la vie, et en particulier en ce qui concerne le mariage. Même si vous et vos parents n'avez pas toujours le même point de vue dans tous les domaines, il vaut mieux exercer la patience et se contrôler afin de construire sur le fondement de leur bénédiction.

En plus de la bénédiction particulière des parents, il est important pour vous, en tant que jeune, de chercher le conseil d'hommes de Dieu tels que des pasteurs ou d'autres dirigeants de l'église, qui sont plus âgés que vous en âge ct en foi. De tels hommes ont déjà passé par le chemin qui est encore devant vous. Ils en connaissent les pièges et les dangers. Ils ont également eu l'occasion d'escalader des montagnes; et donc d'avoir une meilleure vision du paysage. Vous pouvez bénéficier de leur perspective.

Les jeunes gens ont aujourd'hui tendance à ne se tourner que vers leurs semblables pour avoir des conseils. Mais ceux qu'ils peuvent donner ne sont basés que sur la théorie ou au mieux sur une connaissance intellectuelle. Ils doivent encore prouver par expérience que leurs théories marchent réellement.

C'est une marque de sagesse et d'humilité de chercher le conseil de personnes plus âgées ayant réussi dans des domaines dans lesquels vous avez besoin d'être guidé. Si vous le faites régulièrement, cela vous aidera à rester sur le chemin qui conduit à l'accomplissement du plan que Dieu a préparé pour vous.

CONSEIL N° 8: **"... une femme intelligente est un don de l'Eternel."** (Proverbes 19:14)

"Celui qui a trouvé une femme a trouvé une bonne chose, et il a obtenu faveur de la part de l'Eternel." (Proverbes 18:22)

Dans ces Proverbes, deux vérités se mêlent. Premièrement, c'est l'Eternel qui accorde le don d'une femme intelligente; deuxièmement, ce don est une marque de la faveur spéciale dont bénéficie celui qui le reçoit. Salomon présente ces vérités du point de vue de l'homme, mais il est évident que l'inverse est vrai pour la femme. Pour elle aussi le don du bon conjoint vient de l'Eternel et est une marque de sa faveur.

Cela conduit à une conclusion importante et pratique à la fois pour l'homme et pour la femme. Si vous voulez que le Seigneur vous donne le conjoint dont vous avez besoin, il y a une chose que vous devez faire en priorité: vous devez cultiver assidûment la grâce et la faveur de Dieu. Le satisfaire doit être votre plus grande ambition. Approchez chaque situation et chaque décision avec cette question: "Qu'est-ce qui plaît au Seigneur?" Si vous êtes zélé dans cette recherche, le Seigneur vous donnera en retour ce qui vous fait plaisir.

David décrit cette approche de la vie et la réponse du Seigneur: **"Fais de l'Eternel tes délices et il te donnera ce que ton cœur désire."** (Psaume 37:4) Si vous trouvez votre plus grande satisfaction en Dieu lui-même, il vous répondra de deux façons. Premièrement, il mettra dans votre cœur des désirs qui correspondent à sa meilleure volonté pour vous. Puis il vous guidera jusqu'à son accomplissement.

Les sept conseils précédents peuvent se résumer dans celui-ci: faites de la faveur de Dieu l'objectif suprême de votre vie et vous pouvez lui laisser en toute confiance le choix, la préparation et le don de votre conjoint.

* * * * * * *

7. LA PREPARATION D'UN HOMME AU MARIAGE

Passer du stade de célibataire à celui d'homme marié est l'une des transitions les plus importantes, et le plus grand défi, qui puisse avoir lieu dans la vie d'une personne. Celui qui veut le faire avec succès se préparera soigneusement et de façon appropriée. Faire une telle transition sans préparation adéquate, c'est un peu comme sauter dans l'eau profonde sans avoir appris à nager. Les résultats sont en général désastreux.

Celui qui se prépare à un métier ou à une profession, tels que charpentier ou médecin, doit avoir une image claire de ce qu'il va devenir avant de commencer sa préparation. C'est la même chose pour le mariage. Une personne qui se prépare pour le mariage doit avoir une image claire du rôle qu'il (ou elle) devra remplir.

Pour des raisons évidentes, la préparation d'un homme est différente de celle d'une femme. Dans ce chapitre, je soulignerai les principales préparations que, selon ma conviction, un homme doit effectuer. Dans le chapitre suivant, Ruth fera la même chose pour les femmes. Chacun de nous parle de l'expérience de deux mariages.

Quel est le rôle d'un homme dans le mariage? Dans le cours normal des événements, le rôle initial du mari est, en fait, une marche vers le second: celui du père. Ces deux rôles peuvent se combiner sous une seule appellation: chef de famille.

Paul présente cette notion de chef de famille en la reliant à la nature même de Dieu et aux relations qui existent dans la divinité: **"Je veux cependant que vous sachiez que Christ est le chef de tout homme, que l'homme est le chef de la femme, et que Dieu est le chef de Christ."** (1 Corinthiens 11:3)

Paul décrit une hiérarchie qui commence dans le ciel et

finit dans la famille: Dieu le Père est le chef de Christ; Christ est la tête de l'homme (le mari); l'homme (le mari) est le chef de la femme (l'épouse).

Dans cette chaîne, Christ et le mari ont chacun une double relation - envers celui qui est au-dessus et envers celui qui est en dessous. Ainsi, Christ représente Dieu le Père (au-dessus de lui) pour l'homme (en dessous de lui); et l'homme, à son tour, représente Christ (au-dessus de lui) pour sa femme (en dessous de lui).

Voici une image biblique claire du rôle du mari qui devient également un père: il représente Christ pour sa femme et sa famille. Quelle immense responsabilité et quel saint privilège!

Comment pouvez-vous vous préparer à affronter ce redoutable défi?

La clé de la vie de Jésus, c'était sa relation avec le Père. Il l'exprime de différentes manières: **"... le fils ne peut rien faire de lui-même, il ne fait que ce qu'il voit faire au Père; et tout ce que le Père fait, le Fils aussi le fait pareillement."**(Jean 5:19) **"Celui qui m'a vu a vu le Père; ... les paroles que je vous dis, je ne les dis pas de moi-même; et le Père qui demeure en moi, c'est lui qui fait les œuvres".** (Jean 14:9-10)

De la même façon, votre succès en tant que chef de famille dépendra de votre relation avec Jésus. Faites de lui la source de vos paroles et de vos actions. Faites confiance à sa force et à sa sagesse en vous et non à vous-même. Laissez-le vivre sa vie en vous.

Quelles sont les facettes de sa vie qui vous seront révélées en tant que mari et père?

Tout d'abord, Jésus est le fiancé et l'époux de son Eglise. Tous les autres ministères jaillissent de la fontaine profonde et pure de son amour. Laissez-le ouvrir cette fontaine dans votre cœur. Ne soyez pas effrayé par la tendresse. C'est une marque de force et non de faiblesse. **"L'amour est fort comme la mort."** (Cantique des Cantiques 8:6) **"**(l'amour) **excuse tout, croit tout, espère tout, supporte tout. La charité ne périt jamais."** (1 Corinthiens 13:7-8)

Voyez la tendresse avec laquelle l'Eternel parle à Israël dans Jérémie 31:3: **"Je t'aime d'un amour éternel; c'est pourquoi je te conserve ma bonté."** C'est par cette tendresse que Jésus amène son peuple à lui. Laissez-le vous en communiquer une partie. Par elle, il vous amènera votre épouse tout comme il amène l'Eglise à lui.

Dans notre société moderne, puissante et cynique, il y a fort peu de place pour la véritable tendresse. C'est pratiquement devenu une qualité oubliée. Pourtant, quelque chose en chaque femme la désire. Elle y répondra tout comme une fleur ouvre ses pétales au soleil.

La tendresse va de pair avec le romantisme. Si vous voulez une image des deux, étudiez le Cantique des Cantiques. Ce magnifique livre, souvent négligé, enseigne beaucoup de choses aux enfants de Dieu sur l'amour, qu'il soit divin ou humain. Je me souviens qu'un jour Lydia m'a dit: "Chaque fois que je suis conduite à lire le Cantique des Cantiques, je sais que je suis à un haut niveau de vie spirituelle."

Dans les semaines qui précédèrent mon mariage avec Ruth, je lus le Cantique des Cantiques plusieurs fois. J'en étudiai les différentes parties - l'amant, la Sulamithe, les amis. Je crois que cela m'a aidé à bâtir la relation dont Ruth et moi jouissons.

Le romantisme n'est pas une activité particulière en elle-même. C'est une qualité communiquée à d'autres activités qui les rendent plus excitantes et plus agréables. Cela peut s'illustrer par une chose aussi simple que prendre un repas. Le romantisme n'est pas un plat en plus à la fin d'un repas. C'est l'assaisonnement du plat. Il peut communiquer ce petit goût de plaisir en plus aux activités aussi banales que faire les courses, aller à l'église ou se balader le soir.

Laissez-moi partager avec vous une expérience personnelle. J'ai aidé à élever neuf filles de différentes races. J'ai été marié deux fois. Je suis habitué aux cultures et aux styles de vie de différentes parties du monde. Je ne crois pas qu'il existe une femme dans le monde qui n'apprécie pas le romantisme et la tendresse. Pourquoi voudriez-vous vous installer dans un mariage monotone? Suivez l'exemple de Jésus et visez un mariage qui sera comme celui qu'il envisage avec son Eglise.

Une autre qualité de l'amour de Jésus est qu'il se donne. **"Christ a aimé l'Eglise et s'est donné lui-même pour elle."** (Ephésiens 5:25) Un mariage heureux doit suivre cet exemple. Il s'agit de deux vies qui se consacrent l'une à l'autre. Premièrement, le mari, comme Jésus, donne sa vie pour sa femme. Puis la femme, à son tour, comme l'Eglise, donne sa vie pour son mari. Ensuite, chacun trouve son accomplissement dans la vie de l'autre. La clé à ce genre de relation est de comprendre que le mariage biblique est basé sur une alliance. (J'ai expliqué comment cela fonctionne dans mon livre "Le mariage: une alliance".[1])

Le don de soi n'est pas naturel pour la nature humaine déchue. Il doit être cultivé. Il demande tout d'abord une décision. Puis, il doit s'accomplir dans la vie quotidienne jusqu'à ce qu'il fasse partie de votre caractère. N'attendez pas le mariage pour commencer à donner de vous-même. Cela peut conduire à des souffrances inutiles pour vous et votre épouse.

Lorsque j'ai épousé Lydia, j'avais très peu d'expérience des concessions qu'il fallait faire pour entretenir des relations personnelles, car je n'avais ni frère ni sœur. En regardant en arrière, je réalise que cela a causé des problèmes inutiles pour

---

[1] Disponible en français, à commander chez votre diffuseur ou chez l'éditeur.

Lydia et les enfants. Je remercie Dieu pour la grâce qu'il nous a donnée afin de pouvoir surmonter ces problèmes. Trente-trois ans plus tard, lorsque j'ai épousé Ruth, je lui dis qu'elle allait avoir un mari bien mieux préparé que ce qu'avait connu Lydia.

Votre mariage sera gagnant si vous apprenez maintenant à donner de vous-même dans les relations que vous avez avec ceux qui vous entourent. Si vous habitez toujours à la maison, donnez-vous dans de petits services. Sortez les poubelles même si ce n'est pas votre tour. Aidez à la vaisselle pour que votre sœur puisse sortir avec son ami. Gardez votre petit frère pour que vos parents puissent avoir une soirée à eux.

Dans le contexte de la vie de l'Eglise, il y a aussi beaucoup d'occasions pour le service: visitez les malades, lavez la voiture du pasteur, portez-vous volontaire pour nettoyer la salle le dimanche matin, aidez la veuve ou la personne handicapée à faire ses courses. Tous ces actes, apparemment sans importance, vous aideront à bâtir en vous quelque chose de la nature de Jésus qui se donne lui-même, et enrichira chaque jour votre mariage en faisant de vous un modèle pour vos propres enfants.

L'image de Jésus comme époux dans Ephésiens 5:25-26 amène un autre aspect de son ministère - celui d'enseignant. Il s'est donné lui même à l'Eglise "**afin de la sanctifier après l'avoir purifiée par l'eau et la parole**". L'enseignement de la parole de Dieu doit rendre l'Eglise pure et sainte, apte à devenir l'épouse du Christ.

Voici une autre façon de représenter Jésus pour votre femme et votre famille: faites en sorte de recevoir pour eux l'enseignement biblique qui leur convient pour faire partie de son épouse. Si Dieu bénit votre maison par des enfants, l'une de vos tâches les plus importantes sera de les enseigner. **"Pères, n'irritez pas vos enfants, mais élevez-les en les corrigeant et en les instruisant selon le Seigneur."** (Ephésiens 6:4)

Dans de nombreuses familles aujourd'hui,

l'enseignement biblique incombe souvent aux mères. Cela est contraire à l'ordre divin. La mère a certainement son rôle à jouer, mais la responsabilité première incombe au père. Dans une maison où seule la mère donne l'instruction spirituelle, les garçons ont tendance à penser que "la Bible est un livre de femme". Lorsqu'ils deviennent adolescents, ils peuvent en conclure qu'elle n'a plus rien à leur offrir.

Comment pouvez-vous vous préparer pour remplir le rôle d'enseignant dans votre maison?

Tout d'abord, acquérez une connaissance générale de la Bible. Si possible, fréquentez une église locale où l'on dispense un bon enseignement biblique. Vous pouvez le compléter par différents moyens: livres, cassettes, cours par correspondance, séminaires, conférences, programmes de radio, etc.

A partir de là, faites systématiquement des études approfondies des grandes doctrines de base de la foi chrétienne. Vous aurez besoin de ce solide fondement pour bâtir. Concentrez-vous sur des livres tels que Romains, Galates, Ephésiens, Hébreux. Différents supports sont disponibles à partir de ces sources. Soyez prêt à travailler dur!

En même temps, demandez à Dieu d'ouvrir une porte pour une situation qui vous permette de partager avec d'autres la connaissance acquise. Il existe différentes possibilités: un groupe de maison, un groupe d'étudiants, une classe d'école du dimanche, une mission. Enseigner les autres est le meilleur moyen de vous rendre compte de ce que vous avez réellement appris.

Tout cela vous préparera à remplir le rôle d'enseignant dans votre propre maison. A partir de là, vous serez qualifié pour enseigner les vérités de base. En plus de cela, grâce à vos propres études, vous aurez découvert d'autres sources d'enseignement, telles que celles mentionnées plus haut. Appuyez-vous sur elles afin de construire sur le fondement de la connaissance biblique que vous avez pu poser dans la vie de votre famille.

Le ministère d'intercesseur de Jésus est étroitement lié à celui d'enseignant. L'auteur de l'épître aux Hébreux nous dit qu'après son ascension, Jésus entra dans le saint des saints derrière le second voile pour apparaître en tant que grand sacrificateur pour nous: **"C'est aussi pour cela qu'il peut sauver parfaitement ceux qui s'approchent de Dieu par lui, étant toujours vivant pour intercéder en leur faveur."** (Hébreux 7:25)

En représentant Jésus pour votre femme et votre famille, vous devez apprendre à combiner les rôles de sacrificateur intercesseur et d'enseignant. En tant qu'enseignant, vous représenterez Dieu pour votre famille. Il n'y a pas de plus grand ministère ouvert pour vous. Voici quelques manières de vous y préparer.

Tout d'abord, étudiez avec soin les modèles bibliques de ce genre de ministère d'intercession. Notez les résultats obtenus dans chaque situation. Voici quelques exemples marquants:

- Abraham qui intercède pour son neveu Lot et la ville de Sodome (Genèse 18:16-33);
- Moïse qui intercède pour Israël après le veau d'or (Exode 32:1-14);
- Moïse et Aaron qui intercèdent pour les Israélites qui meurent d'une plaie (Nombres 16:41-50).

Méditez sur les implications de ce que Dieu dit à propos d'Israël dans Ezéchiel 22:30: **"Je cherche parmi eux un homme qui élève un mur, qui se tienne à la brèche devant moi en faveur du pays, afin que je ne le détruise point, mais je n'en trouve point."** Quel que soit l'endroit où Dieu vous place, vous pouvez apprendre à être *un homme qui se tient sur la brèche* pour les autres.

Vous vous inspirerez également en mémorisant la bénédiction sacerdotale qu'Aaron et ses fils furent chargés de prononcer sur leurs frères israélites (Nombres 6:24-27). En devenant sacrificateur pour votre famille, vous aurez un modèle pour les bénir, ce qui sera l'un de vos plus grands privilèges!

La seconde façon de vous préparer pour le rôle de sacrificateur intercesseur consiste à cultiver une vie de prière personnelle régulière (si vous ne le faites pas déjà). Soyez systématique; consacrez-y le meilleur de votre temps. Demandez à Dieu de mettre sur votre cœur les personnes pour lesquelles il veut que vous priiez. Ce peut être des membres de votre famille ou de votre église, des collègues de travail ou d'autres associés. Vous devrez y inclure des serviteurs de Dieu qui vous ont aidé et qui, de la même manière, aident les autres. Il est souvent pratique de faire une liste des personnes pour lesquelles vous priez régulièrement. Acceptez une responsabilité personnelle pour eux devant Dieu.

Ensuite, participez régulièrement aux réunions de prière. Apprendre à prier avec d'autres vous aidera à dépasser votre timidité et vous aidera, au bout du compte, à prier avec votre femme et votre famille. La prière doit devenir une activité aussi naturelle pour votre famille que manger ou jouer.

Il y a un bienfait important qui résulte de l'apprentissage du ministère de sacrificateur intercesseur: cela vous aidera grandement dans les autres rôles dans lesquels vous cherchez à représenter Jésus. En fait, votre réussite dans le ministère de la prière déterminera probablement un succès grandissant dans d'autres domaines.

Le meilleur résumé de vos responsabilités, en tant que représentant de Jésus dans votre maison, est contenu dans l'idée donnée au début de ce chapitre: chef de famille. En terme pratique, qu'est-ce que cela vous indique sur votre rôle?

Laissez-moi vous répondre en vous posant une autre question: quelle est la fonction de la tête par rapport au reste du corps? Elle prend trois formes: recevoir l'information de chaque partie du corps, prendre des décisions, donner des instructions.

Chaque partie du corps a le droit de communiquer avec la tête, mais la tête est responsable d'assimiler les informations qu'elle reçoit, puis de faire faire l'action convenable.

Appliquez cette simple illustration au rôle que vous allez tenir en tant que chef de votre maison. Premièrement, vous devez être ouvert à la communication avec tous les membres de votre famille - chaque besoin, chaque blessure, chaque pression, chaque idée créative ou constructive. Ensuite, vous devez être capable d'assimiler toutes ces informations et décider de l'action appropriée pour toute la famille. Même si vous recevez des suggestions de chaque membre de votre famille, votre décision doit être celle qui est la meilleure pour la famille dans son ensemble. Troisièmement, après avoir pris votre décision, vous devez en premier la faire exécuter par les membres de la famille qui doivent la mener à bien.

Qu'est-ce que cela va exiger de vous? Tout d'abord, de la sensibilité - la capacité de voir les besoins et les sentiments des autres, d'anticiper les problèmes et les dangers, d'accepter et d'appliquer des idées constructives. Ensuite, il vous faudra de la sagesse pour prendre des décisions qui n'affecteront pas seulement votre propre vie, mais aussi celle des autres. Troisièmement, cela demandera de la force de caractère et de la volonté pour voir que vos décisions sont menées à bien, engageant quand il le faut la coopération des autres.

Dans 1 Timothée 3:4-5, Paul compare la responsabilité d'un ancien de l'église à celle d'un mari et d'un père dans sa maison: **"Il faut qu'il dirige bien sa propre maison, et qu'il tienne ses enfants dans la soumission et dans une parfaite honnêteté; car si quelqu'un ne sait pas diriger sa propre maison, comment prendra-t-il soin de l'Eglise de Dieu?"**
La signification du verbe traduit par "diriger" est "rester à la tête ou devant". C'est la position du mari et du père. Il va devant sa famille. Il ouvre la voie. Lorsque le mal ou le danger menacent sa famille, il se tient en face d'eux, s'intercalant entre eux et ce

qui les menace. Tout cela peut se résumer en un mot: direction.

Dans presque tous les domaines de notre société aujourd'hui, il y a pénurie de dirigeants efficaces. Il y a aussi des forces mauvaises - à la fois naturelles et surnaturelles - qui s'y opposent et cherchent à miner là où ils pourraient surgir. L'une des conséquences majeures de cet état de fait a été la désintégration effrayante de la vie de famille. Le plan de Dieu pour le mariage et la famille dépend de la restauration du rôle de dirigeant que la Bible décrit.

Si vous souhaitez être ce genre de chef chez vous, vous devez avant tout vous armer pour affronter l'opposition. Vous irez à contre-courant de la culture actuelle. Mais après tout, c'est la différence entre un poisson mort et un poisson vivant; un poisson vivant peut nager à contre-courant, un mort ne fait qu'y flotter.

Il y a deux fondements sur lesquels ce genre de dirigeant doit se baser: la responsabilité et la crainte. Normalement, ils s'acquièrent tout d'abord dans des fonctions apparemment humbles et sans importance. Après cela, ils peuvent être à la base d'un succès dans tous les domaines de la vie. Sans eux, aucun réel succès n'est possible. Jésus a dit: **"Celui qui est fidèle dans les moindres choses l'est aussi dans les grandes, et celui qui est injuste dans les moindres choses, l'est aussi dans les grandes."** (Luc 16:10)

Je me souviens d'un jeune homme que je connaissais - appelons-le Arthur - qui était complètement plongé dans la drogue. Puis, miraculeusement, il rencontra Jésus et fut délivré. Mais les forces de son esprit et de sa volonté avaient presque complètement été anéanties par les drogues. Un pasteur invita Arthur à vivre chez lui et commença à essayer de le réhabiliter. La consigne était simple: chaque fois que tu dois faire quelque chose, cherche l'aide de Jésus et sois fidèle.

Après deux ans environ, Arthur avait trouvé un travail dans une société. Ses responsabilités étaient des plus simples et des plus humbles: nettoyer par terre, vider les poubelles, etc. Pour chacune de ces tâches, il appliquait la formule du pasteur: cherche l'aide de Jésus et sois fidèle. Peu à peu, sa fidélité lui valut des promotions, chacune lui valant plus de responsabilités que la précédente. Il redevenait un membre normal de la société.

Après encore quelques années dans l'entreprise, il décida qu'il devait la quitter et se former à une profession plus spécialisée. Lorsqu'il commença à expliquer à son employeur ce qu'il désirait, celui-ci lui coupa la parole: "Vous ne pouvez pas partir! Vous êtes la seule personne dans cette société en laquelle je puisse avoir confiance. Restez avec moi et je vous formerai pour prendre en main l'affaire quand je prendrai ma retraite."

Arthur récoltait les fruits qu'il avait semés par sa fidélité constante.

Les observations de Salomon sur la fidélité sont très claires. Dans Proverbes 28:20 il dit: **"Un homme fidèle est comblé de bénédictions"**, tandis que dans Proverbes 20:6 il demande: **"Mais un homme fidèle, qui le trouvera?"** Dans l'administration de son grand royaume, Salomon savait qu'il avait besoin d'hommes fidèles. Pourtant, même avec tous les meilleurs hommes d'Israël à sa disposition, il a dû chercher quelqu'un répondant à cette qualification.

Les deux caractéristiques de la responsabilité et de la fidélité peuvent se cultiver dans presque toutes les situations. Joseph les a d'abord cultivées dans la maison de Potiphar, puis en prison. Le résultat fut une promotion. Ce sera presque toujours comme ça!

Les gens me demandent où j'ai reçu ma formation pour le ministère. Parfois je réponds: "Lorsque j'étais aide-soignant dans l'armée britannique en Afrique du Nord." J'ai fait des études avant de connaître le Seigneur. En fait, j'étais intellectuellement suréquipé. Ce qu'il me fallait, c'était l'expérience pour être confronté à des situations de la vie réelle et accepter la responsabilité des besoins des autres.

Durant une année complète dans le désert, j'étais chef de ce que l'armée anglaise appelle "une escouade" de huit brancardiers. Nous vivions dans un camion de trois tonnes que nous partagions avec ses deux chauffeurs. Tous les onze - nous vivions, nous mangions, nous dormions et nous partagions ensemble les épreuves - sommes devenus célèbres sous le nom des "pionniers de Prince".

Durant toute cette période, j'avais une compagne permanente: ma Bible. Je transportais une édition de poche partout. Lorsque je n'étais pas occupé, je la lisais. J'étais étonné de découvrir combien elle était pratique. Elle décrivait toujours une situation dans laquelle je me trouvais ou un problème auquel j'étais confronté. Elle me montrait également toujours la réponse de Dieu. A la fin de ce temps dans le désert, j'avais une bonne connaissance générale de la Bible, ce qui m'a permis d'avoir un solide fondement pour chaque phase importante de mon développement spirituel.

Durant les cinq années de l'armée, après que j'eus rencontré le Seigneur, j'ai donné un bon témoignage chrétien. Sur des questions de conscience, j'ai parfois dû prendre une position qui m'a opposé à mes compagnons soldats et aux officiers au-dessus de moi. Lorsque je fus enfin démobilisé, mon certificat d'évaluation portait la mention la plus élevée dans l'armée britannique: exemplaire. Cela était sans doute plus significatif que n'importe quel diplôme que j'aurais pu avoir.

Evidemment, votre vie ne sera pas exactement comme la mienne. Dieu nous traite comme des individus. Louez-le pour cela! Ni l'Eglise ni le monde n'ont besoin de chrétiens stéréotypés. Pourtant, il y a certains principes généraux qui s'appliquent à la plupart d'entre nous.

Tout d'abord, donnez-vous sans réserve à Dieu (je parle plus en détail de cela au chapitre quatre). Ainsi, vous pourrez lui faire confiance pour vous guider sur le chemin qui accomplit le plan spécial pour votre vie. Il y a un verset particulièrement vrai, dans mon expérience, dans Proverbes 3:6: **"Reconnais-le dans toutes tes voies et il aplanira tes sentiers."**

Ensuite, considérez chaque situation dans laquelle vous vous trouvez comme prévue par Dieu pour vous enseigner et développer un aspect de votre caractère ou de votre personnalité. Vous pouvez vous trouver dans des situations déplaisantes ou inattendues, mais ne vous plaignez pas. Souvenez-vous de Joseph en prison! Je ne peux pas dire que j'ai apprécié le temps que j'ai passé dans le désert, mais je remercie Dieu pour la façon dont il m'a équipé pour la suite.

Troisièmement, faites de l'étude de la Bible votre première priorité. Ne laissez jamais rien prendre le dessus. Cherchez à interpréter chaque phase de votre expérience à sa lumière. Vous serez étonné de voir ce que cela donne.

Dans le domaine de l'éducation, je vous suggère de chercher à faire un lien entre ce que vous étudiez et la vie que vous croyez que Dieu a prévue pour vous. Je ne suis pas personnellement pour l'éducation à tout prix. "L'éternel étudiant" est souvent pathétique. En ce qui concerne ce genre de vie, l'homme le plus sage du monde a fait le commentaire suivant: **"On ne finirait pas si on voulait faire un grand nombre de livres, et beaucoup d'étude est une fatigue pour le corps."** (Ecclésiaste 12:12) Parfois, il semble qu'il n'y ait pas de fin à l'obtention des diplômes!

Votre développement spirituel doit normalement trouver pleinement son expression dans l'ordre de la communauté d'une église locale. Là, grâce à la direction adaptée d'un pasteur, vous pourrez expérimenter un développement constant dans trois domaines liés: votre compréhension de la parole de Dieu, votre formation pour le service de Dieu; et l'affinage et le renforcement de votre caractère chrétien. Le même processus qui fera de vous un homme de Dieu *"propre et équipé à toute bonne œuvre"* (2 Timothée 3:17) vous préparera également à être le chef de votre famille.

* * * * * * *

8. LA PREPARATION D'UNE FEMME AU MARIAGE

Le point de vue de Ruth.

Comment puis-je être prête pour le mariage? ... Je ne sais même pas si quelqu'un me demandera en mariage!... Je ne sais pas quel genre d'homme je devrai épouser ... Toutes les relations que j'ai eues ont échoué ... Il n'y a pas d'hommes célibataires qui me plaisent ... Se marier est un risque. Je ne vois pas beaucoup de mariages heureux, même dans l'Eglise ... Est-ce nécessaire de se préparer, puisque je ne sais pas si cela m'arrivera? ...Je ne veux pas gâcher ma vie à attendre et à me poser des questions...

Ce sont des femmes célibataires qui m'ont dit toutes ces choses. Chaque objection est valable. Les jeunes femmes d'aujourd'hui rencontrent des circonstances et des problèmes uniques à ce siècle. Depuis Eve jusqu'à nos jours, la destinée de la femme était établie: soit elle se marierait et aurait des enfants, soit, si personne ne le lui demandait, elle resterait dans sa famille à aider ceux qui auraient besoin d'elle. Ces choses ont changé de façon radicale de mémoire d'homme, en particulier depuis la "libération" des femmes.

Il est évident que cette libération a apporté beaucoup de choses positives. De nombreuses femmes ont été libérées de l'exploitation ou de liens qui, parfois, pouvaient s'apparenter à de l'esclavage. Malheureusement, le bilan fait état d'autant de dettes que de gains. Le taux de divorce a grimpé en flèche, le nombre de mariages a diminué, des millions de bébés ont été tués par l'avortement, d'autres ne sont pas désirés ou mal aimés, la vie de famille s'est détériorée, de nombreuses femmes sont insatisfaites et frustrées.

Face à tout cela, il est difficile pour une jeune femme

d'aujourd'hui de savoir comment se préparer au mariage. Dans les générations précédentes, les mères et les grand-mères formaient leurs filles pour cela tous les jours. Mais c'est rare aujourd'hui. Une femme dont le mariage a raté ne peut enseigner sa fille et donner l'exemple. Souvent, la mère elle-même n'a eu aucune formation, parce que le mariage de sa mère avait raté. De plus, une femme qui a travaillé dur toute la journée pour gagner sa vie n'a souvent que peu d'énergie et de temps à consacrer à enseigner à sa fille les tâches ménagères.

Une partie naturelle de la préparation au mariage consiste à observer, dans la famille, les rôles de chacun des sexes, et la relation entre le père et la mère. La fille qui grandit dans un foyer brisé ne peut observer sa mère dans son rôle de femme. Si elle n'a pas de père à la maison, elle est privée de la possibilité d'avoir une relation naturelle et proche avec un homme. Une fille a besoin de l'admiration de son père lorsqu'elle commence à prendre de la maturité, autant pour sa propre estime que pour se préparer à se confier à son mari.

Plutôt que de recevoir une préparation pratique au mariage, une fille de cette génération est bombardée de philosophies humanistes et féministes dans les écoles qu'elle fréquente, les films qu'elle voit, les émissions de télévision qu'elle regarde, les magazines qu'elle lit. On lui enseigne à se rendre attirante. On attend d'elle qu'elle fasse carrière et on lui offre des possibilités de formation - mais pas la façon de réussir sa vie de femme.

Nous pourrions nous demander s'il est encore possible pour une jeune femme de se préparer au mariage aujourd'hui. Dans une société qui a tant changé, est-ce utile d'essayer de se préparer? Est-ce qu'elle ne doit pas simplement tenter sa chance?

Ma réponse est que pour celles qui veulent prendre le temps et faire l'effort de payer le prix, la préparation au mariage sera pour elles un bienfait inestimable. Qu'elles se marient ou pas, cette préparation au mariage peut leur permettre de s'épanouir.

De plus, les effets ne sont pas limités à la vie sur cette terre. Dieu avait un plan avant le commencement des temps pour préparer une épouse pour son fils, le Seigneur Jésus. La Bible donne une image vivante de l'apogée de cet âge: les noces de l'Agneau.

Des années avant que je n'envisage de me marier avec Derek, j'ai été interpellée et inspirée par l'affirmation finale d'Apocalypse 19:7: "... *et son épouse s'est préparée...*". Le Seigneur s'est lui-même révélé à moi lorsque j'avais quarante ans et que j'étais divorcée, et m'a remplie d'un incroyable amour pour lui. J'étais émerveillée qu'il puisse autant m'aimer, qu'il m'accepte comme j'étais, qu'il ait un plan spécifique pour ma vie.

Dans l'Ecriture, j'ai vu cependant que ce plan n'était pas simplement fait pour me donner un bonheur temporaire. Il voulait partager son éternité avec moi! Il était de ma responsabilité de me préparer à faire partie de son épouse.

Cela me donna une perspective totalement nouvelle de mon état de célibataire. Le but en soi n'était pas de développer mon caractère et d'apprendre à mener une vie satisfaisante et épanouissante, mais c'était le chemin pour quelque chose d'infiniment plus grand. A partir de ce moment, je trouvais un accomplissement total à servir mon Seigneur bien-aimé de tout mon cœur.

Quelques années plus tard, curieusement et de façon inattendue, il fit entrer Derek dans ma vie et je me trouvais prête à me marier avec mon époux terrestre. (Je raconte cette histoire au chapitre douze.) Ce que je découvris alors, et que je continue à découvrir, c'est que les mêmes qualités qui rendent une femme agréable au Seigneur la rendront agréable à son mari.

Si vous concevez la préparation au mariage au plan

terrestre avec votre cœur tourné vers le Seigneur Jésus, en vous souvenant que votre dernière destinée est de faire partie de sa merveilleuse épouse, alors vous ne serez pas simplement heureuse temporairement, mais vous connaîtrez une félicité éternelle. La préparation au mariage vous préparera aussi pour Jésus.

Mon but premier, dans ce chapitre dédié principalement aux femmes, est de les aider à voir leurs buts plus clairement et à devenir la femme qui complétera - rendra complet - l'homme que Dieu a créé pour elle. Je vous donnerai des conseils éprouvés, pratiques, tirés de l'Ecriture, de mon expérience ou de celle d'autres femmes.

Ces conseils devraient améliorer la qualité de votre vie en tant que femme célibataire, que vous soyez encore à l'école, à la maison, ou que vous travailliez. Ils peuvent s'appliquer à votre situation que vous soyez célibataire, veuve ou divorcée, que vous ayez quatorze ans ou cinquante quatre ans. Les qualités de caractère n'ont pas d'âge.

Pour ma part, j'avais poursuivi activement une carrière et élevé des enfants lorsque j'ai commencé ma préparation. Plus tard, je fus à plein temps au service du Seigneur à Jérusalem, mais ce sont les mêmes principes qui s'appliquent. J'espère que mes conseils vous donneront envie de chercher des moyens de construire votre propre caractère et de mettre en valeur votre propre personnalité, d'une manière qui ne convient qu'à vous. Ces douze conseils ne sont en aucun cas exhaustifs!

Tout d'abord, considérons comment Dieu voit une femme. Avant de la créer, il la décrit: **"Je lui ferai une aide semblable à lui"** (Genèse 2:18). La nature de la femme s'accomplit dans l'aide.

Tout au long de la Bible, Dieu continue de peaufiner son image de la femme. J'ai fait une liste de vingt-six caractéristiques d'une aide à partir de mes notes personnelles. Beaucoup de femmes pensent que la Bible est un livre

98

d'hommes sur les hommes et pour les hommes. Mais je trouve qu'elle est remplie de conseils pratiques et d'inspiration pour chacun, pour tous les aspects de la vie.

Les caractéristiques d'une aide:

En général
Faisant preuve
de sagesse
Gentille
Fidèle
Loyale
Sobre
Honorable
Digne de confiance
Gracieuse
Courageuse
Généreuse

A la maison
Travailleuse
Prudente
Forte
Aux petits soins
(pour sa famille
et sa maison)
Compétente
Consciencieuse

Féminine
Modeste
Pure
D'un esprit
doux et calme
Précieuse
Confiante

Spirituellement
S'adonnant à la prière
Prophétique
Pieuse
Ayant un ministère
Craignant le Seigneur

Il est intéressant de noter que seules six de ces vingt-six caractéristiques sont spécifiquement en rapport avec la maison, et une seule (prendre soin de la maison et de la famille) se limite à cela. Autrement dit, vous pouvez les développer avant d'avoir votre propre maison, et les appliquer que vous soyez maîtresse de maison ou femme au travail.

Demandez au Saint-Esprit de vous montrer laquelle de ces qualités est la plus importante pour vous actuellement, et commencez à rechercher à les mettre en pratique dans votre personnalité.

Voici maintenant mes douze conseils:

CONSEIL N° 1. Préparez-vous à être une aide. Lorsque Dieu créa la femme, il avait un but défini en tête. Il la fit différente de l'homme car elle avait une fonction différente. Non pas moins importante, mais différente. Il fit la femme pour *qu'elle soit une aide semblable à lui* (Genèse 2:18). L'un des problèmes majeurs du vingtième siècle, à mon avis, se trouve directement lié à la féminité frustrée. Des millions de femmes sont incapables d'accomplir la fonction pour laquelle elles ont été créées.

Je peux en témoigner. Dans mon travail, ça marchait bien. Avant et après avoir obtenu mes diplômes, chaque poste auquel j'accédais était une promotion. J'ai été secrétaire particulière, dirigeante d'entreprise, maîtresse d'école, secrétaire de direction et administratrice pour l'Etat du Maryland, responsable d'un budget annuel de deux millions de dollars. Mais je n'étais jamais pleinement satisfaite. C'est seulement lorsque j'ai épousé Derek que j'ai éprouvé la satisfaction profonde d'être l'aide telle que Dieu m'avait créée.

En regardant cependant en arrière, il est clair que j'avais besoin de toute cette expérience pour être l'aide de Derek. Ce ne furent pas des années gâchées, ce furent des années de préparation.

Si vous voulez être une femme qui réussit, vous devez accepter que Dieu n'a changé ni ses critères ni ses intentions. Vous devez décider dans votre cœur que vous voulez être ce pour quoi Dieu vous a créée. C'est alors seulement que vous pourrez voir comment l'accomplir. Vous ne commencez pas par trouver un époux, vous commencez par vous-même.

Avant d'être mariée, vous ne pouvez pas savoir exactement le genre d'aide que vous devrez être. La vocation de votre mari et son tempérament le détermineront. Cependant, logiquement, la première façon dont une femme aide son mari, c'est en lui faisant une maison. Cela est vrai quel que soit la vocation du mari, que la femme travaille ou non.

C'est généralement la femme qui fait les courses, rapporte la nourriture à la maison, la prépare et la sert. Elle fait la lessive et entretient la maison. Elle est responsable de la décorer correctement. Lorsque les enfants sont petits, son activité est centrée sur la maison. La femme a la responsabilité envers Dieu et envers son mari de modeler et de former les caractères des petites vies que Dieu lui a confiées.

C'est de sa maison que le mari sort pour aller dans le monde, vers le succès ou l'échec, pour s'accomplir ou se sentir frustré. La femme, qui crée une atmosphère d'amour et d'encouragement, de paix et de stabilité, peut s'attendre à partager les bénédictions et les récompenses des succès de son mari.

C'est son attitude qui déterminera si les tâches ménagères sont intéressantes comme un défi qu'il faut relever, ou si elles sont monotones et routinières. Les appareils modernes et l'équipement ménager peuvent la "libérer" de la maison ou la mettre au défi pour de nouveaux sommets de créativité. Si vous préparez votre attitude dès à présent, en considérant votre future maison comme un moyen d'exprimer votre amour et votre gratitude envers Dieu et votre mari, vous avez fait le premier pas pour être une femme heureuse, accomplie et qui a du succès. Les autres facettes de votre rôle d'aide se développeront lorsque vous apprendrez à faire équipe avec votre mari.

La femme qui poursuit sa propre carrière, ou qui a un travail pour aider financièrement sa famille, sera toujours sous tension entre son rôle premier d'aide et son rôle secondaire. Jongler entre les deux rôles est un défi permanent. Le conseil le plus parlant que je puisse vous donner, c'est de voir clairement vos priorités et de faire tout ce qui est en votre pouvoir pour garder votre premier rôle à la première place.

La femme des Proverbes 31:10-31 donne un exemple d'une femme qui a fait sienne la vision de l'aide. Voici une femme d'affaires qui s'occupe des affaires de sa famille avec tant de succès que son mari est libéré et peut prendre sa place de dirigeant dans la ville. Elle achète et elle vend. Elle tend généreusement la main aux pauvres. Elle parle avec sagesse. Et son mari *a confiance en elle* (verset 11).

CONSEIL N° 2. Cultivez votre relation avec le Seigneur. Votre Père céleste a un plan pour votre vie qui est *bon, agréable et parfait* (Romains 12:2). Vous pouvez faire avancer plus vite ce plan en choisissant délibérément de vous rapprocher de Dieu et en écoutant ce qu'il vous dit personnellement, jour après jour. Si vous n'avez pas encore une relation riche avec le Seigneur, vous devez apprendre à vous rapprocher de lui dans votre communion quotidienne.

Je veux souligner qu'il n'existe pas de modèle exact qui marche pour toutes. Nous sommes toutes différentes; nous avons une relation avec Dieu qui diffère selon nos personnalités. Mais j'aimerais partager mon expérience personnelle dans les années qui ont précédé mon mariage avec Derek. Peut-être que l'un ou plusieurs de ces exemples sera ce dont vous avez besoin pour aller dans le bons sens.

Je suppose que vous avez déjà expérimenté la nouvelle naissance, et que vous vous êtes entièrement et sans réserve donnée au Seigneur. Si vous n'avez pas encore fait ce pas décisif, et que vous vouliez vraiment vous préparer pour votre époux, je vous suggérerai de faire une pause avant de lire ce qui suit dans ce chapitre et de revenir au chapitre quatre intitulé "la porte".

Voici maintenant sept conseils spécifiques:

a) Souvenez-vous que les relations prennent du temps. Nous devons vouloir passer du temps avec le Seigneur, l'adorer, lire sa Parole, prier, nous attendre à lui. Sans cela, nous ne pourrons pas grandir. Il y a trop de "chrétiens retardés" - des âmes précieuses qui sont venues à la vie nouvelle ayant toutes les ressources de Dieu à leur disposition, mais qui ne se sont jamais disciplinées pour profiter de ces richesses.

Gardez à l'esprit qu'aucune femme ne peut donner à son mari plus que ce qu'elle n'a. Le potentiel et la pleine beauté d'une femme ne se réaliseront jamais si elle est peu ou pas du tout développée spirituellement. Il est maintenant temps de poser un solide fondement sur lequel bâtir toute sa vie, que l'on soit célibataire ou mariée.

b) Consacrez à Dieu vos meilleurs moments. Pour la plupart d'entre nous, c'est de bonne heure le matin, avant d'affronter le monde. Les femmes célibataires peuvent apprendre à se concentrer sur Jésus, notre époux céleste. Une fois que nous le voyons ainsi, nous ne pouvons agir autrement que de faire de notre expression d'amour pour lui notre priorité suprême. Depuis le jour où j'ai rencontré Jésus en 1970, j'ai pris pour principe, chaque jour, de ne parler à personne d'autre avant d'avoir parlé au Seigneur. Il m'aide à me préparer pour la journée. Même si je devais quitter la maison à sept heures trente pour mon travail, je me levais à cinq heures afin de ne pas tromper le Seigneur.

c) Commencez par la reconnaissance et la louange. Je débute chaque journée en le remerciant de son amour, du sang de Jésus, de la beauté de la création, du privilège de le servir. Je tourne ma face vers lui, j'ouvre ma bouche et je chante. Il dit:

"Fais moi voir ta figure, fais moi entendre ta voix; car ta voix est douce, et ta figure est agréable." (Cantique des Cantiques 2:14).

C'est une relation très personnelle. Je ne suis pas une grande chanteuse, mais cela plaît au Seigneur que je le chante. Je mémorise des chants de cassettes d'adoration. J'ai l'habitude d'emmener un petit livre de chants dans la salle de bains et de mémoriser de vieux chants tandis que je me brosse les dents et que je me maquille. J'ai un répertoire varié et disponible en fonction de la direction du Saint-Esprit.

d) Lisez votre Bible avant de prier. Nous honorons Dieu en lui permettant de nous parler avant que nous, nous commencions à le faire. J'en profite pour laisser des repères à deux endroits en lisant le Nouveau Testament le matin et l'Ancien Testament le soir. Durant un temps, je lis chaque jour une partie des livres historiques, des Psaumes et des Prophètes, et le Nouveau Testament (pour lesquels il me faut trois marque-pages).

e) Ayez une liste de prière en particulier si vous priez seule. Cela m'a personnellement aidée pour me concentrer et avoir un but. Je fais une simple liste de noms et de situations, groupés par catégorie - par exemple pour le salut, la guérison, la direction, pour les responsables spirituels, pour des membres spécifiques de l'Eglise, pour les nations. Un conseil important: ne passez pas tout votre temps à prier pour les problèmes des gens. Priez aussi pour ceux qui ont une responsabilité dans le royaume de Dieu. Derek et moi, nous confions dans les prières quotidiennes d'autres personnes du corps de Christ; nous les bénissons chaque jour dans nos prières personnelles.

Lorsque je prie seule, je garde également un petit carnet des passages de l'Ecriture qui m'ont interpellée, et des paroles prophétiques du Seigneur. Lorsque cela ne va pas, comme durant les longs mois pendant lesquels j'étais à moitié invalide, ce sont des sources constantes d'encouragement. Une autre chose: N'hésitez pas à prier pour vous-même. Ne vous enfoncez pas dans vos propres problèmes, mais demandez à Dieu de vous aider à vaincre là où vous avez des difficultés. Il est prêt à vous entendre et à répondre, parce qu'il désire nous transformer à l'image de son Fils.

f) Ne limitez pas le Seigneur aux moments de calme. Je me confie continuellement dans le Seigneur. La ligne est toujours ouverte. Lorsque j'étais seule, j'avais des cassettes d'enseignement biblique toujours disponibles, ainsi je n'étais jamais seule. Dans les moments perdus, je remplissais mon esprit de portions de l'Ecriture ou je lisais des livres pieux. J'ai appris à communiquer avec le Seigneur lorsque j'avais les mains occupées mais l'esprit libre - en lavant la vaisselle, en repassant, en m'occupant de moi, en conduisant la voiture. Toutes ces habitudes prises dans ma vie de célibataire ont enrichi (et continuent à enrichir) ma vie de femme mariée.

g) Vérifiez que Dieu est à la première place. Dieu déteste la tiédeur. "Parce que tu es tiède - ni chaud, ni froid - je te vomirai de ma bouche" (Apocalypse 3:16). Quelqu'un a dit: "Si vous avez déjà été plus près de Jésus que vous ne l'êtes maintenant, c'est que vous avez chuté." Les gens chutent à petits pas presque imperceptibles. Vérifiez en vous-même avant que cela n'arrive. Le chemin est long et difficile pour remonter, et bien peu y arrivent. Ne perdez pas ce que vous avez!

CONSEIL N° 3. Cultivez l'engagement et la loyauté. Vous ne pouvez pas commencer à pratiquer l'engagement et la loyauté le jour où vous vous mariez. Si vous ne vous êtes pas vous-même donnée entièrement au Seigneur, puis à certaines personnes ou à certaines causes, vous ne serez pas préparée à vous donner à votre mari.

Si vous êtes employée, êtes-vous engagée envers votre employeur? Ou êtes-vous de celles qui comptent les heures et cherchent des excuses pour partir plus tôt? Si vous vivez à la maison, chez vos parents, faites-vous de vous-même les tâches qui vous incombent ou bien faut-il toujours vous rappeler à l'ordre? Etes-vous loyale envers votre famille? Lorsque vous faites une promesse, la tenez-vous ou trouvez-vous des excuses pour la renier?

Etes-vous engagée envers votre église ou envers un groupe de prière? Peut-on compter sur vous pour mener à bien les projets pour lesquels vous vous êtes portée volontaire?

Lisez la parabole du semeur dans Matthieu 13 et soyez le sol sur lequel la bonne semence portera du fruit et une bonne récolte.

CONSEIL N° 4. Cultivez l'estime de vous-même. De nombreuses femmes se marient avec le mauvais homme ou ratent leur mariage parce qu'elles n'ont pas une bonne image d'elles-mêmes. Vous êtes une enfant de Dieu. Jésus vous apprécie tellement et vous aime tant qu'il est mort pour vous! Le Nouveau Testament et les Psaumes sont remplis de passages qui encouragent les chrétiens à se voir comme Dieu les voit. Passez du temps à les mémoriser pour les avoir instantanément à l'esprit. En voici quelques uns:

"Nous tous qui, le visage découvert, contemplons comme dans un miroir la gloire du Seigneur, nous sommes transformés en la même image, de gloire en gloire, comme par le Seigneur, l'Esprit." (2 Corinthiens 3:18)

"Car en lui habite corporellement toute la plénitude de la divinité. Vous avez tout pleinement en lui, qui est le chef de toute domination et de toute autorité." (Colossiens 2:9-10)

"Car c'est Dieu qui produit en vous le vouloir et le faire, selon son bon plaisir." (Philippiens 2:13)

"Car nous sommes son ouvrage, ayant été créés en Jésus-Christ pour de bonnes œuvres, que Dieu a préparées

d'avance, afin que nous les pratiquions." (Ephésiens 2:10)

La première activité de Satan contre le chrétien est d'accuser. Une autre est de décourager. Notre meilleure réponse, tout comme Jésus l'a fait, est la parole de Dieu. En lisant et en priant, le Saint-Esprit peut vous montrer des domaines dans lesquels vous devez changer ou vous améliorer. Ne vous abandonnez pas à la condamnation ou à la pitié de soi quand cela arrive. Demandez plutôt au Seigneur de vous aider, et d'exercer votre propre volonté pour retourner la situation. Si vous avez besoin d'être délivrée d'esprits mauvais, ou s'il y a une malédiction sur votre vie qui n'a jamais été brisée, cherchez un conseiller spirituel. Celui que le Fils a affranchi est réellement libre!

L'une des conséquences importantes du développement de votre propre estime, c'est que vous serez davantage capable d'encourager et d'élever votre mari. Ainsi, vous pourrez l'aider à atteindre pleinement son propre potentiel. Il est rare qu'un homme aille au-delà des espérances de sa femme. Son opinion est vitale à son succès.

La femme qui voit tout le potentiel de son mari peut l'encourager, prier pour lui et voir avec joie ce que Dieu accomplit.

CONSEIL N° 5. Ayez envie d'apprendre. En regardant à nouveau dans Proverbes 31, ici la femme doit vous encourager à vous perfectionner dans le plus de domaines possible. Si vous êtes à l'école (à l'université ou au collège), assurez-vous que vous prenez suffisamment de temps pour les occupations pratiques: couture, cuisine et diététique, soin des enfants, travaux ménagers, décoration de la maison, arrangements floraux, travaux manuels, travaux d'aiguille. Laissez le Saint-Esprit vous conduire dans des domaines particuliers: danse, musique, photographie, poterie, travail du bois. Il sait exactement ce dont vous avez besoin pour aider votre mari. (Vous pouvez même rencontrer votre futur époux dans l'un de ces cours!) Ne sous-estimez pas la valeur du sport et des activités physiques.

Si vous travaillez et que vous n'avez pas l'occasion d'acquérir ces choses, faites-en une priorité. Contactez votre centre de formation pour adultes, trouvez-vous une femme au foyer qui accepterait un soir ou deux par semaine de faire de vous son aide apprentie, et prenez des initiatives! Si vous remettez à plus tard, vous devrez peut-être à cause de votre attitude avoir à patienter pour rencontrer votre mari. Dieu veut que vous soyez prête!

Puisqu'une grande partie de votre responsabilité consistera à vous occuper de vos enfants, vous devez apprendre autant que vous pouvez à l'avance. La plupart des jeunes femmes ont la possibilité de faire du baby-sitting, mais certains cours sur le développement des petits ou même de psychologie des adolescents compléteront ces activités.

Soyez attentive pour éviter les occupations passives qui vous laissent la tête vide et l'esprit engourdi, et en particulier la télévision. Vous êtes une belle création avec la vie de Dieu en vous. Vous ne pourrez jamais rattraper un jour perdu- ou une heure perdue. Relaxez-vous par tous les moyens, mais de façon à vous construire. Vos responsabilités augmentant, votre temps libre diminuera. Voici où vous avez maintenant la possibilité d'investir votre temps dans des activités qui vous seront bénéfiques tout au long de votre vie, que vous soyez célibataire ou mariée.

CONSEIL N° 6. Ayez envie de servir. Il n'y a pas de meilleure façon pour une femme d'exprimer son amour pour son mari qu'en le servant. La manière de le faire dépendra de sa personnalité et de son travail, mais la femme aimante observera son mari et apprendra à anticiper ses besoins avant même qu'il ne les exprime. Considérer l'entretien de la maison comme une expression de votre amour pour votre mari et comme un service envers lui vous évitera de le prendre comme une corvée.

Comment pouvez-vous vous préparer à l'avance à servir votre mari? En servant les autres avec la joie dans le cœur! Derek et moi avons été bénis durant notre mariage par une succession de jeunes femmes qui nous ont servis à la maison. Je les ai vues s'épanouir à mesure que leurs capacités augmentaient. Les paroles de Jésus dans Luc 16:10-12 sont si bien adaptées aux femmes célibataires. Si vous voulez servir les autres en étant fidèle dans les petites choses et en veillant sur leurs biens, Dieu, en son temps, vous accordera aussi vos propres biens.

Ne vous limitez pas aux domaines évidents du service - visiter les malades et faire du bénévolat dans un hôpital ou une église. C'est important, mais essayez de trouver des moyens qui, en même temps, mettent en valeur vos capacités.

Demandez au Seigneur de vous montrer ces capacités qui vous permettront d'être l'aide de votre mari. Elles ne se limiteront certainement pas à l'entretien de la maison. L'une des femmes les plus heureuses que je connaisse s'est réjouie lorsqu'elle a pu devenir la comptable de son mari quand il s'est mis à son compte, car elle en avait déjà les compétences. Une autre, une femme de pasteur, dessinait et habillait ses filles, ainsi qu'elle-même. De ses doigts agiles, elle pouvait copier des idées vues dans des boutiques chics. Son mari récoltait les compliments pour sa belle maison et sa belle famille, et les bénissait en retour.

Il y a quelques années, Derek et moi avons entrepris la construction d'une maison à Jérusalem. Nous avons une vie très active dans le ministère et je m'irritais parfois de l'énergie qu'il fallait pour planifier, acheter et coordonner les meubles d'un domicile situé à 9600 kilomètres de chez nous. J'avais acquis les compétences nécessaires quelques années auparavant, mais je les considérais comme moins importantes que d'autres choses. Mon attitude fut changée grâce à une seule remarque de Derek: "C'est peut-être une partie de ta préparation pour l'éternité; peut-être que le Seigneur te demandera de meubler une galaxie dans l'éternité!" Maintenant que nous profitons de notre maison, je remercie continuellement Dieu d'avoir eu le privilège d'en faire un sanctuaire paisible et beau dans lequel nous pouvons prier et écrire. Lorsque vous commencez à voir votre propre service comme une préparation à l'éternité, toute votre perspective change!

Dans la vie quotidienne, entraînez-vous à traiter les autres comme vous voudriez qu'ils vous traitent. La plupart du temps, servir les autres est l'application des bonnes vieilles manières - avoir de la considération et être prévenant envers les autres. Certains des jeunes gens les plus aimants que j'ai rencontrés étaient ceux qui avaient appris le métier de serveur (ou serveuse).

Je peux honnêtement dire que ce qui me satisfait le plus est de servir Derek. Même avant de me marier, j'ai commencé à chercher le moyen de lui enlever des fardeaux. Depuis notre mariage, j'ai appris à prendre la responsabilité des détails matériels de la vie quotidienne. J'essaie de lui simplifier la vie au maximum, que nous soyons à la maison ou en voyage pour le ministère. Lorsque nous voyageons, je transporte dans ma valise une série de gadgets et de provisions afin que Derek soit le plus à l'aise possible dans toutes les situations.

Nous rions encore au souvenir d'un incident qui nous est arrivé à l'aéroport de Londres il y a quelques années. Nous étions en route pour Belfast et on fouilla complètement tous nos bagages. Le douanier secoua la tête d'étonnement lorsqu'il vit mon cale porte (nous avions eu quelquefois des enfants qui étaient entrés dans notre chambre sans frapper) et mon bouchon pour la baignoire (au moins un hôtel sur quatre a un bouchon qui ne fonctionne pas).

Lorsque le douanier en arriva à ma théière et à mon couvre théière, il s'intéressa de plus en plus à nous. Je lui expliquai qu'en dehors du Royaume-Uni, dans la plupart des hôtels, on ne pouvait pas faire de thé dans les chambres et que je l'emmenais toujours afin de faire du thé à mon mari le matin.

Finalement, le douanier ouvrit des petits sacs contenant des fruits secs et des noix et me demanda: "Madame, pourquoi portez-vous cela?" Je lui expliquai que parfois le service dans les hôtels n'était pas disponible et que j'avais toujours sur moi quelque chose sous la main au cas où mon mari aurait faim. Il ferma ma valise, me regarda et me dit: "Vous êtes la femme la plus organisée que j'aie jamais rencontrée!"

Je m'efforce de faire les choses pour Derek que personne d'autre ne peut faire. Pour le reste, je le confie à d'autres. Si je suis trop occupée par des détails, je ne peux pas être disponible à tout moment. L'une de mes plus grandes responsabilités consiste à le protéger des interruptions inutiles et des personnes qui lui demandent des choses qui prennent trop de son temps.

CONSEIL N° 7. Ayez le désir de vous ajuster aux priorités de votre mari.

La Bible dit: "Ainsi se paraient autrefois les saintes femmes qui espéraient en Dieu, soumises à leurs maris ..." (1 Pierre 3:5) C'est à la femme d'être flexible, prête à s'adapter aux désirs de son mari parce qu'*il est la tête* (1 Corinthiens 11:3). Il choisit le modèle de leur vie ensemble. La femme peut être la reine de la maison, mais le mari est roi!

J'admire Rébecca qui quitta sa maison, sa famille et sa culture pour aller, avec un serviteur, vers un avenir incertain et se marier avec un homme qu'elle n'avait jamais vu. Elle montra qu'elle avait de la foi et des capacités d'adaptation. J'admire aussi Sarah qui a quitté la sécurité d'Ur pour voyager avec son mari presque toute sa vie. Porter un enfant à quatre-vingt-dix ans a dû lui demander bien des changements dans son mode de vie!

Il faut de la flexibilité non seulement pour les grands changements, mais également pour les petites choses de la vie quotidienne. J'étais du matin, Derek est du soir. Mais par la grâce de Dieu, j'ai changé afin que nous ayons le même emploi du temps. J'ai également appris à faire la sieste avec lui l'après-midi; ainsi, nous avons vraiment deux journées en une.

Dans mon cas également, nous avons trois styles de vie - un dans notre maison de Jérusalem, où nous vivons calmement, passant la plupart de notre temps à prier et à écrire; un en Floride, où nous sommes engagés dans de nombreuses activités de DPM et dans l'église où Derek est ancien; et un autre lorsque nous voyageons plusieurs mois par an pour notre ministère. Je remercie Dieu chaque jour, parce que j'ai appris à m'adapter avant d'épouser Derek! Il aurait été trop tard si j'avais dû attendre pour l'apprendre après.

J'ai vu des jeunes femmes changer leur coiffure, leur façon de s'habiller, de faire la cuisine et leurs loisirs pour s'adapter aux désirs de leur mari. Faire plaisir à votre mari vous apportera plus de bénédictions que de vous faire plaisir à vous-même.

CONSEIL N° 8. Apprendre à prier et à intercéder pour les autres.

"Faites en tous temps par l'Esprit toutes sortes de prières et de supplications... Veillez à cela avec une entière persévérance et priez pour tous les saints. Priez pour moi..." (Ephésiens 6:18-19)

Dieu cherche des intercesseurs. Si vous passez du temps tous les jours avec le Seigneur, demandez-lui de vous montrer ce qu'il a sur son cœur afin que vous puissiez prier. Si vous apprenez à intercéder, vous ne manquerez pas de sujets. Dieu présentera des personnes et des situations à votre esprit. Et les gens vous demanderont de prier pour eux.

Il y a deux avantages accessoires pour les femmes célibataires qui intercèdent. Premièrement, cela leur permet de ne pas se centrer sur elles-mêmes, sur leurs problèmes et sur leur état de célibataire (si cela est pour elles un problème). Deuxièmement, cela les prépare à intercéder pour leurs maris. Deux jeunes femmes que je connais, dont les maris étaient bons mais sans être des hommes extraordinaires, commencèrent à prier et à intercéder pour eux deux ou trois heures chaque jour. Deux ans plus tard, les deux hommes étaient exceptionnellement prospères spirituellement et professionnellement. La majeure partie des succès de votre mari viendra de votre capacité à intercéder.

Demandez à Dieu de vous mettre avec une autre femme célibataire ayant les mêmes dispositions que vous pour prier. **"Je vous dis encore que si deux d'entre vous s'accordent sur la terre pour demander une chose quelconque, elle leur sera accordée par mon Père qui est dans les cieux."** (Matthieu 18:19) Apprendre à prier avec un partenaire vous préparera à prier en harmonie avec votre mari.

J'ai une grande dette envers deux chères sœurs hollandaises de Jérusalem qui intercèdent ensemble dans une merveilleuse harmonie. Un jour, alors qu'elles me rendaient visite durant mes mois d'invalidité, elles ont prié spontanément pour que Dieu me donne quelqu'un avec qui prier. Un peu plus d'un an plus tard, j'étais mariée avec Derek. Leur prière a été exaucée d'une façon que nous n'aurions jamais imaginée!

CONSEIL N° 9. Apprenez à prendre soin de votre corps.

La plupart des jeunes femmes ne ménagent pas leur corps. A moins qu'elles n'aient des problèmes médicaux graves, elles ont assez de force pour aborder les besoins de la vie quotidienne. J'avais trente-deux ans lorsque ma belle-mère me dit: "Tu dois apprendre à conserver tes forces. Tu ne seras pas toujours comme ça." Je ris. J'étais forte. Six ans plus tard, j'aurais aimé avoir écouté. Chaque décennie qui passe rend plus difficile la restauration de nos forces. Dieu a fait plusieurs miracles pour moi depuis 1968, mais je dois toujours faire très attention à ce que je mange et faire de l'exercice pour faire face aux exigences de l'appel de Dieu.

Dieu a parlé à Derek il y a plus de vingt ans: "Si tu veux accomplir le ministère que j'ai pour toi, tu auras besoin d'un corps fort et sain, et tu prends trop de poids." Tout le monde ne reçoit pas une direction aussi personnelle, mais cela n'en est pas moins vrai pour chacun d'entre nous. Nous avons besoin de corps forts et en bonne santé pour accomplir le plan de Dieu pour nos vies.

Aujourd'hui, nous savons que ce n'est pas aimer nos maris et nos enfants que de leur donner des sucreries et des desserts trop riches - ni même des gros steaks bien saignants. Depuis ces quinze dernières années, il y a un retour sensible vers les nourritures naturelles, en s'éloignant du sucre blanc, les farine blanches, de la viande rouge et des graisses. De nombreux hommes entre deux âges et de femmes ayant eu des problèmes cardiaques ou cardio-vasculaires trouvent des solutions dans le régime et l'exercice.

Les personnes plus jeunes peuvent tirer profit de ce qui a été appris et ainsi éviter les erreurs et les maladies des générations précédentes. L'Institut américain de recherche contre le cancer montre que cette maladie peut être évitée grâce à un régime approprié et à l'utilisation de certains vitamines et minéraux.

Nourrir la famille et développer de bonnes habitudes alimentaires incombent à la femme. Plus vous pourrez en apprendre à ce sujet avant de vous marier et plus vous aurez perfectionné de recettes appétissantes, plus vous serez prête à garder votre mari et vos enfants forts et en bonne santé. Il existe

114

de nombreux livres sur ce sujet.

C'est aussi le moment de développer votre corps par de l'exercice physique et du sport. L'un des meilleurs moyens de vaincre l'ennui et la frustration, c'est l'activité physique. Plus tard, vous verrez que faire du sport ensemble est l'un des meilleurs moyens pour un mari et une femme de se détendre ensemble. Préparez-vous maintenant en faisant différents sports: natation, ski, planche à voile, plongée, jogging, tennis.

A nos âges, Derek et moi aimons marcher et faire de longues balades. Marcher main dans la main comme nous le faisons est un vrai secret pour maintenir l'harmonie, à la fois physique et spirituelle. **"Deux hommes marchent-ils ensemble sans en être convenus?"** (Amos 3:3)

Autre avantage: les jeunes femmes en bonne santé et ayant une alimentation équilibrée ont une grossesse et un accouchement plus faciles, et des bébés en meilleure santé.

CONSEIL N° 10. Observez la conduite des femmes dans les mariages exemplaires.

L'une de mes premières découvertes, en tant que nouvelle convertie, fut que certaines femmes chrétiennes avaient une attitude différente envers leurs maris. Je fus impressionnée et mise au défi par leur féminité et le dévouement envers leur mari. Elles semblaient entièrement satisfaites de leur mode de vie et épanouies dans leur rôle.

Bien que je n'eusse pas pensé me remarier à cette époque, je ne pouvais m'empêcher de remarquer leur conduite. Je vis que j'avais besoin des mêmes qualités pour me préparer à devenir l'épouse de Jésus.

Observez les femmes mariées que vous avez autour de vous. Demandez au Saint-Esprit de vous montrer les qualités qu'il vous faut (et les choses à éviter!) N'essayez pas d'imiter quiconque. Si vous avez un caractère vif, vous pouvez acquérir un esprit doux et calme sans devenir timide. Certaines femmes naturellement calmes sont simplement tristes - ou bien amères et la langue acérée. Un esprit calme et serein est une attitude.

Gardez à l'esprit qu'un jour aussi vous pourrez devenir le modèle de quelqu'un si vous êtes zélée pour vous préparer et grandir dans le mariage. Vous voulez pouvoir dire: **"Soyez mes imitateurs comme je le suis moi-même de Christ."** (1 Corinthiens 11:1)

CONSEIL N° 11. Confiez-vous en Dieu. Soyez prête à patienter.

Derek a déjà parlé de cela au chapitre six. Cependant je le mentionne de nouveau, car la confiance est l'un des traits particuliers de la femme énoncé au commencement de ce chapitre. Dieu vous aime. **"Il ne refuse aucun bien à ceux qui marchent dans l'intégrité."** (Psaume 84:11) Si vous remplissez ces conditions, il prendra soin de vous, que vous soyez célibataire ou mariée.

Trop souvent, les femmes se marient parce qu'elles ont peur de ne pas avoir une autre chance. Elles apprennent alors qu'il vaut mieux rester célibataire que de se marier avec le mauvais homme. Leur vie devient un calvaire, et souvent la vie de leurs enfants et petits-enfants également.

Je connais des femmes, à l'inverse, qui ont atteint l'épanouissement total dans leurs vies professionnelles et personnelles jusqu'à ce que Dieu leur donne le mari parfait. Une de nos amies très chère s'est mariée à trente-neuf ans; je l'ai rencontrée lorsqu'elle en avait soixante-neuf ans, une femme parfaite pour son mari. Une autre, divorcée, est restée seule pendant vingt et un ans; puis, à l'âge de cinquante-huit ans, elle a rencontré un veuf. Je n'ai jamais vu un couple plus parfait! Chacune de ces femmes aurait manqué le meilleur du plan de Dieu si elles s'étaient mariées avec le mauvais homme, ou si elles s'étaient résignées au célibat. Dieu garde ses mains sur ceux dont leur confiance est en lui.

CONSEIL N° 12. Ayez des objectifs, établissez des priorités.

Vos buts et vos priorités ne seront pas exactement les mêmes que les miens. Dieu me préparait à épouser Derek. Il se peut qu'il vous prépare pour être l'aide parfaite de quelqu'un de complètement différent. Vous devez avoir vos propres objectifs. Mais si les buts diffèrent, les mêmes principes restent valables.

Revenez à la page 99 où se trouve la liste "les caractéristiques d'une aide"; puis revoyez les points un à onze ci-dessus. Demandez au Seigneur de vous aider à trouver ceux qui sont importants pour vous, les domaines où vous avez des progrès à faire ou des traits de caractère que vous n'avez jamais pris en considération. Faites d'abord une liste de ces objectifs à long terme.

A partir de celle-ci, choisissez quelques objectifs à court terme que vous pouvez raisonnablement atteindre dans les trois mois, six mois ou l'année prochaine. Soyez réaliste. Considérez vos capacités actuelles. Ne visez pas le marathon la semaine prochaine si votre entraînement ne va pas plus loin que du réfrigérateur à la télévision. Considérez vos responsabilités présentes - vos études ou votre travail, un parent âgé dont vous êtes responsable, ou des enfants d'un précédent mariage. Si vous avez été malade, ou si vous avez négligé votre santé et votre régime, votre priorité doit être de soigner votre corps.

Après avoir mis en place ces objectifs, vous pouvez établir les priorités qui vous y conduiront. N'essayez pas de faire tout d'un seul coup. En revanche, le Saint-Esprit peut aussi vous conduire à travailler dans plusieurs domaines en même temps.

Cela peut vous être utile de noter la façon dont vous occupez votre temps. Soyez honnête. Puis examinez-vous, et voyez ce qui est le plus important. Commencez par harmoniser votre temps avec le degré d'importance de chaque activité.

Mettez vos nouveaux objectifs à leur juste place. En changeant vos priorités, votre vie va commencer à changer.

Lorsque j'ai fait cela il y a quelques années, les deux premières choses que je dus rayer de ma liste, furent les conversations futiles (même si elles étaient à propos de choses spirituelles) et le temps passé à conseiller les gens en vain. J'ai souvent passé des heures à conseiller des personnes qui ne voulaient pas s'engager pour grandir spirituellement.

Nous sommes responsables devant Dieu de la façon dont nous employons notre temps et de chaque mot futile que nous prononçons. Je ne veux pas me tenir devant Dieu et qu'il ait à me dire: "Tu aurais pu faire mieux."

* * * * * * *

9. LE ROLE DES PARENTS ET DES PASTEURS

Il est normal que les parents se sentent concernés par le choix du conjoint de leurs enfants. Dans des cultures et des époques différentes, les parents l'ont exprimé de façons très diverses. Dans certaines formes de judaïsme, le choix du conjoint était, à une époque, du seul ressort des parents. C'est encore vrai pour de nombreux peuples asiatiques et arabes aujourd'hui.

Pour la plupart des gens de culture occidentale, une telle pratique semble venir du Moyen Age et des plus autocratiques. Mais avant d'adhérer à ce jugement, nous devrions prendre le temps d'évaluer les résultats. A ce sujet, la culture occidentale ne peut se permettre de donner des leçons aux autres. Aucune autre culture de l'histoire humaine n'a produit une si grande proportion de mariages ratés et brisés, avec tous les inévitables désordres sociaux que cela suppose.

Existe-t-il un système spécifique pour arranger des mariages qui soit supérieur à tous les autres? J'aurais tendance à répondre par la négative. Cependant, il y a certains principes qui restent valables. Ceux-ci peuvent marcher dans différentes cultures et systèmes sociaux. Les parents devraient les suivre pour leurs enfants, ou les enfants devraient les appliquer pour leur propre vie. Dans les deux cas, les résultats dépendront des principes qui sont appliqués plutôt que des personnes qui les appliquent.

La base du succès peut se résumer en un mot: le respect. En voici trois aspects différents: le respect envers Dieu et envers sa Parole, le respect pour le mariage et le respect pour la personnalité humaine. J'ai traité ces aspects dans les chapitres précédents de ce livre. Lorsque le respect est supplanté par des mauvaises attitudes et motivations - telles que la luxure, la convoitise, l'orgueil ou une ambition égoïste -, il n'y a pas de système qui puisse donner un mariage heureux.

Le récit de la Bible indique un degré considérable de flexibilité dans la façon dont les principaux personnages se sont mariés. Abraham, par exemple, accepta la responsabilité d'obtenir une femme pour son fils Isaac et envoya son serviteur en Mésopotamie pour cela. Le serviteur avait des indications pour faire le choix, mais en dernier ressort il comptait sur la prière pour lui montrer la femme que Dieu avait choisie (voir Genèse 24:12-14). Cela s'accorde pleinement avec les principes mis en avant dans ce livre.

Les deux fils d'Isaac, Esaü et Jacob firent eux-mêmes le choix de leurs femmes, Esaü à l'encontre de ses parents. Jacob suivit le choix de ses parents mais en fait fit son propre choix et négocia les conditions de ses deux mariages avec son oncle Laban. On peut remarquer que le fils qui a accepté le conseil de ses parents a eu plus de succès que celui qui ne l'a pas fait.

Au temps des Juges, Samson choisit lui-même sa femme philistine, contrairement aux désirs de ses parents. Il les persuada cependant de faire les formalités matrimoniales pour lui. En choisissant sa femme, Samson allait à l'encontre de la loi de Moïse et du conseil de ses parents. Cela le conduisit sur une voie qui le mena au désastre.

Indépendamment des systèmes particuliers pour arranger les mariages, il est clair que les parents sont tous deux concernés et ont une responsabilité importante de conseil afin que leurs enfants fassent un mariage heureux. Dans notre culture contemporaine, comment les parents doivent-ils atteindre ce but? Voici cinq façons spécifiques pour les parents de pouvoir contribuer au succès du mariage de leurs enfants.

CONSEIL N° 1. La prière.

C'est le jour de leur naissance que l'on peut commencer à prier pour le conjoint prévu par Dieu pour ses enfants. Ce genre de prière est un investissement à long terme, mais il est payant. Il vaut tellement mieux prier ainsi à l'avance que d'attendre qu'une crise menace pour commencer à prier dans le désespoir. Souvent, cela ne se révèle guère plus efficace que de verrouiller la porte de l'écurie une fois que le cheval s'est sauvé.

Un couple de ma connaissance commença à prier pour chacun de ses enfants dès leur naissance. Aujourd'hui, plus de trente ans plus tard, les cinq enfants sont des chrétiens engagés ainsi que leurs conjoints. De plus, le chemin pour arriver au mariage ne fut pas marqué par les nombreuses pressions et traumatismes que subissent souvent les jeunes gens aujourd'hui.

CONSEIL N° 2. L'exemple.

Si vous voulez que vos enfants cherchent le meilleur de Dieu dans le mariage, montrez leur un but visible à atteindre. Il n'y a pas de voie plus efficace que votre exemple. En ne leur offrant que des règles qu'ils ne voient jamais mettre en pratique, on a tendance à produire plus de résultats négatifs que positifs. Il est tragique de voir que beaucoup de jeunes aujourd'hui n'ont jamais vu un mariage heureux. En conséquence, ils ont une vision du mariage cynique et désabusée. Tout mariage issu de ce genre d'attitudes est presque voué à l'échec avant même que les voeux ne soient prononcés.

En parlant avec des jeunes rencontrant ces problèmes, et en observant des couples heureux, j'en ai conclu qu'il y a un élément que les enfants attendent plus que les autres, même s'ils n'en sont pas conscients: c'est l'harmonie. Si l'harmonie commence avec les parents, elle irradiera d'eux et influencera la conduite et le caractère de leurs enfants. Mais si les parents ne peuvent atteindre l'harmonie entre eux, il y a peu d'espoir pour les enfants.

Une atmosphère harmonieuse dans la maison répond davantage aux besoins des enfants que de nombreux avantages matériels qui sont aujourd'hui considérés comme indispensables. Durant les années où j'étais pasteur à Londres, Lydia et moi vivions sur un maigre budget. Je me souviens que j'achetais mes lames de rasoir une par une, parce que je ne pouvais pas me payer le paquet entier! De nombreuses années plus tard, j'ai demandé à une de nos filles ses impressions sur nos années de pauvreté. Elle me regarda surprise: "Je ne vous ai jamais considéré comme des gens pauvres!", me répondit-elle.

Il y a un autre avantage à l'harmonie entre les parents: elle leur permet de prier pour leurs enfants de façon à ce que Dieu réponde à leurs prières. Sa promesse se trouve dans Matthieu 18:19: **"Je vous dis encore que, si deux d'entre vous s'accordent** (littéralement s'harmonisent) **sur la terre pour demander une chose quelconque, elle leur sera accordée par mon Père qui est dans les cieux."**

CONSEIL N° 3. L'instruction.

Dans Ephésiens 6:4 (déjà cité dans le chapitre sept), Dieu place le père de chaque foyer devant la responsabilité d'instruire les enfants dans les voies de Dieu: **"Et vous, pères, n'irritez pas vos enfants, mais élevez-les en les corrigeant et en les instruisant selon le Seigneur."**

Je ne cite pas ce verset pour dire que le père doit porter seul cette responsabilité et que la mère ne la partage pas. Le père a la responsabilité première de commencer le processus d'instruction des enfants et de mettre en place les règles et les objectifs principaux. Mais dans ce cadre, la mère a une contribution importante à apporter. Après tout, dans la plupart des familles aujourd'hui, elle est celle qui passe le plus de temps avec les enfants - en particulier lorsqu'ils sont jeunes et malléables. Elle a de nombreuses occasions chaque jour de confirmer et de réaffirmer les principes établis par le père. Si elle se voit dans le rôle biblique d'aide, il n'y a aucun domaine où son aide est plus importante que dans l'instruction des enfants.

Le plus grand soin devrait être apporté à l'éducation, et non simplement à l'enseignement. L'enseignement vise à communiquer aux enfants les vérités qu'ils ont besoin de savoir. L'éducation est faite pour qu'ils appliquent ces vérités dans la vie de tous les jours. Les enfants peuvent recevoir l'enseignement en différents lieux - dans l'église, à l'école du dimanche et même à l'école. Mais la maison est le principal endroit où ils reçoivent l'éducation.

Dans les chapitres cinq à huit, Ruth et moi avons expliqué différentes attitudes et conduites qui permettront à un jeune de trouver le bon conjoint et de bâtir un mariage heureux. De telles attitudes ne peuvent s'acquérir que par des années d'entraînement intensif. Les parents qui donnent à leurs enfants ce genre d'éducation les aident à poser le fondement pour une vie de couple heureuse.

CONSEIL N° 4. La communion.

Un enseignement de ce type ne s'acquiert généralement pas dans une salle de classe, ni en suivant des cours. La situation d'une classe ou d'un cours est trop théorique. Ils ont tendance à laisser le jeune avec l'impression que ce qui vient de lui être communiqué n'est pas en rapport avec la vie quotidienne. La meilleure atmosphère est celle d'une communion entretenue dans une situation qui n'est ni "religieuse" ni "scolaire".

Dans Deutéronome 6:7, Moïse conseille les parents d'Israël sur la manière de transmettre à leurs enfants les commandements de l'Eternel: **"Tu les inculqueras à tes enfants et tu en parleras quand tu seras dans ta maison, quand tu iras en voyage, quand tu te coucheras et quand tu te lèveras."** Ce sont presque les mêmes conseils que l'on retrouve dans Deutéronome 11:19. Le commandement que Moïse donne pour ce genre d'instruction se retrouve dans les activités simples et quotidiennes de la vie familiale.

A quelles situations pourrait-on les comparer dans notre

culture contemporaine? Un fils qui aide son père à tondre la pelouse ou à faire des petites réparations sur la voiture. Une mère à la cuisine avec sa fille, lui montrant comment cuire des gâteaux, ou dans le salon enlevant une tache sur le tapis. D'autres activités peuvent inclure toute la famille comme des vacances au camping, ou la visite d'un lieu historique important. La table de famille est probablement l'endroit le plus évident pour l'éducation, l'une des raisons pour lesquelles il est important pour les familles de manger régulièrement ensemble.

Dans presque toutes ces situations, les parents ont des occasions illimitées d'inculquer des habitudes de bonne conduite, associées à des principes de travail, de discipline et de rigueur. Ils peuvent en même temps y inclure des vérités de base de la parole de Dieu de façon à les appliquer dans des situations concrètes de la vie.

Quelle que soit la situation, il existe une condition essentielle et incontournable: c'est le temps - du temps où les parents sont avec les enfants, dans une atmosphère détendue. Le temps, investi sagement dans les enfants à l'âge où ils sont encore à un stade de développement qui les rend perméables, produira des résultats qui auront des répercussions durant tout le reste de leur vie et jusque dans l'éternité.

CONSEIL N° 5. Le conseil.

Alors que les enfants passent de l'adolescence à l'âge adulte, le besoin de communion constante avec leurs parents continue, même s'il est moins régulier à cause des nécessités de l'éducation ou du travail. De jeunes adultes qui trouvent leur propre voie dans le monde, choisissant leur mode de vie, prenant leurs décisions, sont probablement moins conscients d'avoir besoin de leurs parents, alors que c'est peut-être là qu'ils en ont le plus besoin.

A ce stade, les occasions d'éducation vont diminuer. Cependant, à sa place naîtra un autre besoin: celui d'être conseillé. La transition de l'éducation au conseil demande une attitude différente des parents. L'éducation peut être imposée. Le conseil ne peut être qu'offert. (Les parents ont parfois plus de difficultés que leurs enfants à faire la transition!)

Tout dépend de la relation que les parents ont bâtie avec les enfants jusqu'à ce stade. Si c'est une relation d'amour mutuel, de confiance, de respect, alors il est naturel que les enfants se tournent vers les parents pour être conseillés lorsqu'ils sont confrontés à des problèmes ou à des décisions importantes. Tôt ou tard, la décision la plus critique qu'ils auront à prendre sera celle du choix d'un conjoint.

Comment les parents peuvent-ils se préparer à répondre de façon appropriée? Tout d'abord, ils doivent être armés et avoir une compréhension claire du plan divin pour le mariage. Il n'y a que cela qui puisse donner la force et la stabilité dont les enfants ont besoin.

Lorsque les plans des enfants sont en harmonie avec le modèle divin, la tâche des parents est simple: leur offrir une direction permanente et les encourager. Lorsqu'un enfant envisage un mariage qui n'est pas en accord avec l'Ecriture, les parents doivent se tourner vers le Seigneur pour obtenir à la fois sa grâce et sa force.

La grâce leur permettra de partager les luttes et les agonies par lesquelles passe un jeune dans une telle situation. La force les rendra capables de continuer à soutenir le modèle de Dieu face à une pression intense et à ne pas accepter autre chose que ce qu'ils savent être le meilleur pour leur enfant. La question sera probablement réglée grâce à leurs prières et au fondement spirituel qui a été posé au cours des dernières années dans la vie du jeune.

La responsabilité première d'amener les jeunes à un mariage heureux incombe normalement aux parents. Mais lorsque les membres de la famille fréquentent une église, il est probable que le pasteur s'en mêle. Quelle responsabilité ont

125

donc les pasteurs dans une telle situation? Et comment peuvent-ils l'assumer?

Tout d'abord, les pasteurs devraient faire attention à ne pas se mettre entre les parents et leurs enfants. Tant que les parents veulent accepter la responsabilité pour leurs enfants, le rôle du pasteur devrait être de guider et de fortifier les parents, mais pas d'empiéter sur leur fonction. Le mariage ou son approche par l'un des enfants cause souvent de très vives tensions au sein d'une famille. Lorsque cela est possible, celle-ci doit faire face à ces tensions ensemble, dans l'unité. Cela renforcera les liens entre eux pour les années à venir.

Cependant, il est possible que les parents se trouvent incapables de faire face à la situation et se tournent vers le pasteur pour avoir de l'aide. Si tel est le cas, il est extrêmement important pour le pasteur et les parents d'être d'accord. Par ailleurs, les parents doivent respecter et suivre le conseil du pasteur, sauf s'il contredit leurs convictions profondes. Le pasteur doit faire tout ce qui est en son pouvoir pour honorer et soutenir la position des parents dans leur famille.

Les parents et le pasteur, ainsi ensemble, peuvent sauver une jeune vie précieuse d'un piège soigneusement préparé par le diable. Si le diable peut amener la désunion et la division entre eux, il aura réussi à capturer une brebis du troupeau de Dieu.

Malheureusement, dans ce temps de relations familiales brisées, de nombreux jeunes ne peuvent se tourner vers leurs parents pour un conseil efficace ou pour s'instruire sur le mariage. Vers qui peuvent-ils se tourner? En premier lieu, vers le Seigneur! Il entend le cri de chaque âme qui se tourne vers lui avec sincérité.

Ceux qui se tournent vers Dieu et lui remettent leur vie seront sûrement dirigés par lui vers une communauté chrétienne menée efficacement par un pasteur. Là, il sera naturel pour eux de chercher auprès du pasteur la direction et l'instruction qu'ils auraient dû recevoir de leurs parents. Un pasteur peut se trouver à assumer une responsabilité de nature parentale pour des jeunes qui ne sont pas ses propres enfants. Il alliera de ce fait les rôles de pasteur et de parents.

Tout serviteur de Dieu voulant accepter cette responsabilité doit être hautement inspiré. Il portera des fardeaux inhabituels, mais également les bénédictions qui vont avec! Avant de s'engager, il doit cependant être sûr de deux choses importantes: tout d'abord que les parents ont eu l'occasion d'accepter leur responsabilité, mais qu'ils étaient soit incapables, soit qu'ils ne désiraient pas l'assumer. Ensuite, que la jeune personne a tout fait pour établir une bonne relation avec ses parents. (Je traite de ce sujet au chapitre cinq sur les bonnes attitudes.)

Une responsabilité qui incombe au pasteur est celle de donner à ses membres un enseignement profond et biblique sur le mariage sous tous ses aspects. Cela devrait couvrir les responsabilités mutuelles à la fois des parents et des enfants. Il serait profitable d'avoir un séminaire spécial chaque année pour les jeunes de l'église qui passent de l'adolescence à l'âge adulte, intitulé par exemple "Se retrouver face à face avec le mariage" ou "Comment trouver votre conjoint". Je suis sûr qu'il y aurait une réponse enthousiaste. En plus, cela pourrait aider à résoudre de nombreux problèmes particuliers que rencontrent les jeunes. Il vaut sûrement mieux prendre les devants!

Ce genre de ministère rentre dans l'image prophétique de la situation mondiale alors que ce monde touche à sa fin. Dans les derniers versets de l'Ancien Testament Dieu fait cette déclaration:

"Voici, je vous enverrai Elie, le prophète, avant que le jour de l'Eternel arrive, ce jour grand et redoutable. Il ramènera le cœur des pères à leurs enfants et le cœur des enfants à leurs pères, de peur que je ne vienne frapper le pays d'interdit." (Malachie 4:5-6)

Dieu nous met face à trois sujets d'extrême urgence. Tout d'abord, le problème social critique de cette fin de siècle sera le conflit entre les parents et les enfants, avec pour conséquence des foyers brisés. Ensuite, à moins de résoudre ce problème, cela amènera la malédiction de Dieu sur le pays. Et troisièmement, Dieu lèvera un ministère particulier pour résoudre ce problème.

C'est sûrement la responsabilité de l'Eglise de prendre part à cette solution!

* * * * * * *

SITUATIONS PARTICULIERES

10. LE DIVORCE ET LE REMARIAGE

Le divorce est un problème social contemporain majeur. Ses effets nuisibles vont bien au-delà du couple qui obtient le divorce. S'il y a des enfants, ils souffrent presque toujours de graves troubles émotionnels. Ils ont souvent une image négative et fausse du mariage et de la famille.

Cependant, au-delà des individus directement affectés, le divorce est un levier utilisé par les forces du mal pour rompre la vie de famille et ainsi mettre en danger tout le tissu social. Toute culture ou civilisation qui autorise facilement le divorce, sans discernement, se forge un instrument pour sa propre destruction. Qui sème le vent récolte la tempête.

Tragiquement, le divorce est devenu presque aussi courant dans l'Eglise chrétienne que dans le monde. Dans ce domaine également, la conséquence ultime sera inévitablement la désintégration de l'Eglise.

Qu'est-ce qui a ouvert la voie pour que le divorce soit aussi courant parmi les chrétiens? On peut invoquer deux causes principales. La première est une mauvaise image du mariage donné dans l'Eglise, celle-ci ayant abandonné les critères de Dieu et de l'Ecriture. A la place, elle a embrassé ceux du monde. On a illustré cela par une "parabole": un bateau sur la mer est à sa place, mais si la mer est dans le bateau, tout va mal. L'Eglise dans le monde est à sa place; si le monde est dans l'Eglise, tout va mal.

La deuxième cause principale de l'augmentation du divorce parmi les chrétiens, c'est que beaucoup ont au mieux reçu une mauvaise préparation au mariage. Ils y parviennent sans une nette compréhension de sa nature et de ses obligations.

Très souvent aussi, ils n'ont pas reçu l'instruction et l'éducation qui leur permettraient de faire face à ces obligations. Le résultat peut se comparer à un couple dans un bateau, dont aucun des deux ne sait s'il doit ramer ou barrer.

J'espère sincèrement et je prie pour que ce livre apporte une solution constructive à ces deux problèmes - l'ignorance en ce qui concerne la nature du mariage et le manque de préparation.

Tout au long des siècles, l'Eglise a fréquemment négligé de considérer le problème du divorce de façon réaliste ou a imposé des règlements à la fois injustes et antibibliques. L'une des raisons principales en a probablement été d'obliger le clergé à demeurer célibataire. Les responsables de ces mesures savaient par avance qu'ils n'arriveraient pas à les respecter. Jésus aurait pu dire à de tels hommes ce qu'il a dit en son temps aux pharisiens: **"Ils lient des fardeaux pesants, et les mettent sur les épaules des hommes, mais ils ne veulent pas les remuer du doigt."** (Matthieu 23:4)

A l'instar des pharisiens, les dirigeants ecclésiastiques inventèrent des moyens ingénieux pour contourner leur propre règlement lorsque cela les arrangeait. Pour le riche ou celui qui avait de l'influence, "l'annulation" produisait quasiment les mêmes résultats que le divorce sans enfreindre la lettre de la loi.

Il n'a jamais été dans l'intention de Dieu que le mariage se termine par un divorce. Au départ, le divorce est toujours le résultat d'une fracture entre l'homme et les plans et critères de Dieu. Ce n'est cependant pas une raison pour traiter les divorcés de manière arbitraire et antibiblique.

Il n'a jamais été dans l'intention de Dieu que les gens se volent. Le vol, tout comme le divorce, est le résultat du péché dans le cœur humain. Cependant il y a des vols, et l'Eglise et la société reconnaissent l'obligation de s'occuper des voleurs d'une façon juste et réaliste. Aucune personne sensée ne peut adopter cette attitude: "Le vol est un délit, donc nous devons renforcer les lois pour les deux parties. Nous allons emprisonner le voleur et la personne qui a été volée." Cela serait évidemment une parodie de justice!

Pourtant, en matière de divorce, l'Eglise a souvent adopté une telle attitude en refusant de faire une distinction entre la partie innocente et celle coupable. "Le divorce est mauvais, a déclaré l'Eglise, donc nous allons appliquer les mêmes sanctions aux deux parties. Nous allons leur interdire de se remarier." En fait, on a volé à celui qui était innocent quelque chose de plus que des biens matériels; et la sanction imposée à une telle personne est plus sévère qu'une peine d'emprisonnement.

Beaucoup de religieux seront tentés de remettre en question l'expression "partie innocente". Est-ce que les deux parties dans un divorce ne sont pas coupables? Est-ce qu'elles ne doivent pas être traitées de la même manière?

Cela reviendrait au même que de dire que les deux parties d'un vol sont coupables et doivent être traitées pareillement.

Encore une fois, certains se demanderont: la Bible autorise-t-elle le divorce dans certains cas? La réponse immédiate à cette question est un oui clair et sans ambiguïté. Du temps d'Esdras, lorsque certains Juifs avaient enfreint la loi de Moïse en se mariant avec des femmes des nations païennes environnantes, Esdras non seulement les autorisa à divorcer, mais il leur ordonna de le faire. (Voir Esdras 9-10.)

Pour avoir une perspective biblique de situations dans lesquelles un conjoint peut être libéré du lien marital, il faut considérer les trois phases successives de la relation de Dieu avec l'humanité: la période avant la loi de Moïse, celle sous la loi de Moïse et celle inaugurée par Jésus à travers l'Evangile.

1. La période avant la loi de Moïse:

En Israël, avant Moïse, la sanction pour l'adultère était la mort. Cela est illustré par un incident dans la vie de Juda. A un moment donné, Juda eut des relations sexuelles avec une femme qu'il croyait être une prostituée, mais qui était en fait sa belle-fille Tamar. Elle était à cette époque fiancée au plus jeune fils de Juda, Schéla. Les fiançailles était considérées comme le mariage lui-même, et les rompre était semblable à comme un adultère.

Trois mois plus tard, on découvrit que Tamar était enceinte. La réaction immédiate de Juda fut: **"Faites-la sortir et qu'elle soit brûlée!"** (Genèse 38:24) Lorsqu'il découvrit qu'il était responsable de la grossesse de Tamar, il ne demanda plus à ce qu'elle soit tuée. Cependant, cet incident montre clairement que la punition pour l'adultère à cette époque était la mort.

La peine de mort ainsi imposée au coupable dans un mariage libérait automatiquement celui qui était innocent et lui permettait de se remarier.

2. La période sous la loi de Moïse:

Sous la loi de Moïse, la peine encourue en cas d'adultère de la part de l'homme ou de la femme était la mort. (Voir Deutéronome 22:22-24.) Une fois encore, la peine de mort pour le coupable libérait automatiquement l'innocent qui pouvait se remarier.

On cite souvent l'affirmation de Paul dans Romains 7:2: **"Ainsi, une femme mariée est liée par la loi à son mari tant qu'il est vivant..."** Ils oublient d'ajouter que cette même loi qui lie une femme à son mari pour la vie, en imposant la peine de mort sur celui qui commet l'adultère, libère automatiquement l'innocent et lui permet de se remarier.

De plus, le Nouveau Testament souligne constamment que la loi de Moïse doit toujours être appliquée comme un système unique et complet dont tous les commandements sont également valables. Par exemple:

"Car quiconque observe toute la loi, mais pèche contre un seul commandement, devient coupable de tous." (Jacques 2:10)

"Car tous ceux qui s'attachent aux œuvres de la loi sont sous la malédiction." (Galates 3:10)

Il est à la fois illogique et antibiblique de faire observer le commandement de la loi qui unit une femme à son mari pour la vie, et de renier l'obligation de cette même loi qui la rend automatiquement libre, par la peine de mort, si son mari commet l'adultère.

3. La période inaugurée par Jésus à travers l'Evangile:

Dans le Nouveau Testament Jésus sanctionne explicitement le divorce sur la base de l'infidélité conjugale.

"Mais moi, je vous dis que celui qui répudie sa femme, sauf pour cause d'infidélité, l'expose à devenir adultère, et que celui qui épouse une femme répudiée commet un adultère." (Matthieu 5:32)

"Mais je vous dis que celui qui répudie sa femme, sauf pour infidélité, et qui en épouse une autre, commet un adultère." (Matthieu 19:9)

Le mot grec traduit par "infidélité conjugale" est *porneia*. Traditionnellement, dans la traduction Louis Segond, ce mot a été traduit par "impudicité", le limitant ainsi au péché sexuel des personnes non mariées. Cependant, tout au long du Nouveau Testament grec, "porneia" est utilisé pour décrire toutes les formes de sexualités illicites ou contre nature. Voici quelques définitions de "porneia" données par des autorités reconnues:

Représente ou inclut l'adultère. (dictionnaire des mots du Nouveau Testament, W.E. Vine).

Prostitution, impudicité ... toutes sortes de rapports sexuels illicites ... l'adultère s'apparente à la fornication ... L'infidélité sexuelle d'une femme mariée ... (dictionnaire grec/anglais du Nouveau Testament par Arndt et Gingrich).

Les rapports sexuels contre nature en général ... (dictionnaire grec/anglais Thayer).

Dans le Nouveau Testament *porneia* avec le verbe qui en est tiré porneuo est utilisé dans les exemples suivants (entre autres) qui englobent plus que le péché sexuel des personnes non mariées.

Dans Actes 15:20-29, les chrétiens gentils sont exhortés à s'abstenir de *porneia* - pas simplement du péché sexuel par des personnes non mariées.

Dans 1 Corinthiens 5:1, Paul décrit un homme qui vit avec la femme de son père comme *porneia*. Ici, cela comprend à la fois l'inceste et l'adultère.

Dans 1 Corinthiens 5:9-11, Paul demande aux chrétiens de ne pas s'associer avec des chrétiens qui se rendent coupables de *porneia*. Evidemment, il ne le limite pas aux personnes non mariées. Paul utilise *porneia* et *porneuo* d'une façon similaire dans 1 Corinthiens 10:8 et 2 Corinthiens 12:21.

Au verset 7 de son épître, Jude applique *porneia* à l'inconduite sexuelle de Sodome et Gomorrhe. Le plus grand péché de cette ville était l'homosexualité et on ne suggère pas que cela s'appliquait aux personnes non mariées.

Il est donc clair que *porneia* englobe la fornication, l'homosexualité, la zoophilie (les rapports sexuels avec des animaux), l'inceste et l'adultère; il est également clair que Jésus approuve le divorce (lorsqu'il est nécessaire) pour toutes ces raisons.

Ainsi, la loi et l'Evangile en arrivent à la même conclusion en ce qui concerne *porneia*: il libère l'innocent de ses obligations maritales.

Il y a cependant une différence. Sous la loi, la libération vient de la peine de mort imposée au coupable. Sous l'Evangile, l'innocent a le choix entre se libérer par le divorce ou offrir au coupable le pardon et la réconciliation soumis à une preuve tangible de repentance.

Une personne qui a obtenu un divorce sur des bases bibliques est-elle libre de se remarier? Ni le langage ni la culture de la Bible ne suggèrent qu'une personne ne soit légalement libre de divorcer, mais pas de se remarier. Au contraire, la liberté de remariage est explicitement affirmée à la fois dans l'Ancien Testament et dans le Nouveau Testament.

Sous la loi, Moïse dit que si un homme divorce de sa femme légalement et la répudie, elle est libre de devenir "la femme d'un autre homme" (Deutéronome 24:1-2). Evidemment, Moïse n'excuse pas l'adultère.

Dans Deutéronome 24:3-4, Moïse dit que si le second mari de la femme divorce ou meurt, son premier mari ne peut pas se remarier avec elle. En appelant l'homme avec qui elle était auparavant mariée son "premier" mari, il indique clairement que le premier mariage a été légalement annulé.

Dans le Nouveau Testament Paul dit: **"Es-tu lié à une femme, ne cherche pas à rompre ce lien; n'es-tu pas lié à une femme** (Anglais: "es tu *délié...*")**, ne cherche pas une femme. Si tu t'es marié, tu n'as point péché..."** (1 Corinthiens 7:27-28)

Cela indique qu'une personne qui est (bibliquement) libérée d'un conjoint et qui se remarie ensuite n'a pas péché. Aucune trace de culpabilité ou d'infériorité ne doit donc poursuivre la personne qui obtient le divorce sur des bases bibliques et légitimes, et qui ensuite exerce son droit de remariage. Une telle personne n'est pas un chrétien de seconde classe.

Du point de vue humain, la question du divorce se règle normalement au tribunal, qu'il soit civil ou religieux. Cependant, au-delà de toutes ces décisions humaines, existent des principes divins de justice qui ne changent pas. Un principe est constant dans toute la Bible: l'innocent ne doit jamais être traité en coupable, ni le coupable en innocent.

Dans Deutéronome 25:1, Moïse résume rapidement la double responsabilité des juges - acquitter l'innocent et condamner le coupable. Dans Proverbes 17:15, Salomon indique que toute dérogation à ce principe ne rencontrera que le désaccord de Dieu: **"Celui qui absout le coupable et celui qui condamne le juste sont tous deux en abomination à l'Eternel."** De même, Esaïe énonce ceux qui vont subir la colère de Dieu: **"Malheur à ceux qui ... justifient le coupable pour un présent et enlèvent aux innocents leurs droits!"** (Esaïe 5:22, 23)

L'application de ce principe à la question du divorce est évidente. Imposer la même sanction à un conjoint coupable de *porneia* et à celui qui est innocent remet en cause la véritable nature de la justice.

Parfois, on argue qu'il y a deux parties dans un mariage brisé et qu'il n'est pas possible de savoir qui est vraiment le coupable. La question n'est pas de savoir s'il y a eu de l'égoïsme ou de l'indifférence ou des querelles des deux côtés. Elle est celle-ci: *est-ce que l'un des deux conjoints a commis le "porneia" et l'autre pas?* Aujourd'hui, dans de nombreux cas, l'un des conjoints reconnaît ouvertement sa culpabilité.

Dieu envisage évidemment la possibilité que la culpabilité d'une des parties soit établie, à l'exclusion de l'autre; car sous la loi de Moïse, il a ordonné la mort de celui qui était reconnu coupable d'adultère.

En un sens, le mariage est un contrat légal dans lequel on entre par un voeu. L'extension du contrat est déterminée par le voeu prononcé. Le voeu du mariage couramment utilisé aujourd'hui est à peu près celui-ci: "Je m'engage par la foi ... à me garder pour toi (c'est-à-dire les relations sexuelles) jusqu'à ce que la mort nous sépare."

Dans ce voeu, il y a deux éléments principaux: une clause d'usage (de me garder pour toi seul) et une clause temporelle (jusqu'à ce que la mort nous sépare). Ces deux clauses sont liées et ne peuvent s'appliquer séparément. Ainsi, si un conjoint rompt la clause d'usage par "porneia", l'autre est automatiquement libéré de la clause temporelle.

Laissez-moi faire une simple analogie. M. Smith loue une propriété à M. Brown pour cinq ans, de 1986 à 1991. Mais il y met une clause d'usage: M. Brown ne doit pas l'utiliser pour en faire un magasin de liqueurs. Si M. Brown respecte la clause d'usage et s'abstient de transformer la propriété en magasin de liqueurs, alors M. Smith doit respecter la clause temporelle. Il ne peut résilier le bail avant 1991. Mais si M. Brown rompt la clause d'usage en utilisant la propriété pour en faire un magasin de liqueurs, alors M. Smith est automatiquement libéré de la clause temporelle et peut résilier le bail sur-le-champ.

De la même manière, lorsqu'un conjoint brise la clause d'usage par *porneia*, l'autre est, de fait, libéré de la clause temporelle - jusqu'à ce que la mort nous sépare.

Sous les ordonnances du Nouveau Testament, il y a une autre situation par laquelle un chrétien peut être libéré des liens du mariage. Elle est décrite par Paul dans 1 Corinthiens 7:10-15:

"A ceux qui sont mariés, j'ordonne, non pas moi, mais le Seigneur, que la femme ne se sépare point de son mari (si elle est séparée, qu'elle demeure sans se marier ou qu'elle se réconcilie avec son mari), et que le mari ne répudie point sa femme. Aux autres, ce n'est pas le Seigneur, c'est moi qui dis; si un frère a une femme non croyante, et qu'elle consente à habiter avec lui, qu'il ne la répudie point; et si une femme a un mari non croyant, et qu'il consente à habiter avec elle, qu'elle ne répudie point son mari. Car le mari non croyant est sanctifié par la femme, et la femme non croyante est sanctifiée par le mari; autrement, vos enfants seraient impurs, tandis que maintenant ils sont saints. Si le non-croyant se sépare, qu'il se sépare; le frère ou la sœur ne sont pas liés dans ce cas-là."

Aux versets 10 et 11, Paul traite le cas de deux chrétiens mariés. La parenthèse (non pas moi, mais le Seigneur) indique que ce cas a déjà été évoqué par Jésus dans l'enseignement qu'il donne dans l'Evangile. La position est claire et sans ambiguïté: aucun conjoint n'est libre de divorcer sauf pour infidélité. (Puisque Jésus a déjà affirmé cette exception dans les Evangiles, Paul n'a pas besoin de le redire ici.) Si cependant ils divorcent, ils sont obligés de rester célibataires ou de se remarier ensemble.

Aux versets 12 à 15, Paul évoque le cas d'un croyant marié à un non-croyant. La parenthèse - ce n'est pas le Seigneur, c'est moi qui le dis - indique que ce cas n'a pas été évoqué par Jésus dans les Evangiles. Premièrement, Paul donne au conjoint croyant l'obligation de chercher à maintenir la paix dans le mariage, et de gagner le conjoint non croyant à Christ. Mais lorsque celui-ci rejette l'approche et refuse de continuer à vivre ce mariage, mais abandonne le chrétien, alors celui-ci est libéré du lien du mariage et est ainsi libre de contracter un autre mariage. Cependant, il y a deux conditions à remplir. Premièrement, toutes les conditions de la loi civile doivent être remplies, ensuite, le nouveau conjoint doit être chrétien.

Nous avons examiné deux cas considérés clairement dans le Nouveau Testament: quand un conjoint est coupable d'infidélité conjugale et quand un chrétien est laissé par un non chrétien à cause de sa foi en Christ. Dans chacun de ces cas, lorsque toutes les conditions nécessaires sont respectées, le chrétien a le droit d'obtenir un divorce et donc de se remarier.

Pour les lecteurs qui désirent une étude plus complète sur le divorce et le remariage à la lumière de la Bible, je recommande le livre de Guy Duty "Divorce and remarriage" (Le divorce et le remariage, publié par Bethany Fellowship Minneapolis 1967). L'auteur, qui jusqu'à sa mort en 1977 était un pasteur dans les Assemblées de Dieu aux Etats-Unis, traite tous les aspects de ce problème avec une exactitude telle qu'elle ne laisse aucune question sans réponse.

Il y a cependant d'autres cas incluant le divorce qui ne sont pas explicitement évoqués dans le Nouveau Testament. D'un côté, il est irréaliste de les ignorer. De l'autre, il n'est pas sage d'être dogmatique là où la Bible n'est pas spécifique. Le meilleur moyen pour un pasteur chrétien est peut-être de dire avec Paul: **"Mais je donne un avis, comme ayant reçu du Seigneur miséricorde pour être fidèle".** (1 Corinthiens 7:25)

Qu'en est-il de ceux qui ont connu l'échec d'un mariage et d'un divorce dans le passé et qui viennent à Christ pour être sauvés? Comment Dieu les considère-t-il?

En ce qui concerne le pardon, la Bible est sans ambiguïté (gloire à Dieu!). Dans Matthieu 12:31, par exemple, Jésus dit: **"C'est pourquoi je vous dis: tout péché et tout blasphème sera pardonné aux hommes, mais le blasphème contre l'Esprit ne sera point pardonné."** "Tout péché", cela englobe l'adultère et toutes les autres déviations sexuelles. La seule exception est le blasphème contre le Saint-Esprit.

Dans Actes 13:39, Paul dit à des Juifs: **"... quiconque croit est justifié par lui de toutes les choses dont vous ne pouviez être justifiés par la loi de Moïse."** Remarquez comme c'est compréhensible! Quiconque est justifié de toutes les choses. Cela englobe l'adultère et toutes les formes de péché sexuel.

Dans 1 Corinthiens 6:9-11, Paul écrit aux chrétiens de Corinthe: **"... ni les impudiques, ni les idolâtres, ni les adultères, ni les efféminés, ni les infâmes, ni les voleurs, ni les cupides, ni les ivrognes, ni les outrageux, ni les ravisseurs, n'hériteront le royaume de Dieu. Et c'est là ce que vous étiez, quelques-uns de vous. Mais vous avez été lavés, mais vous avez été sanctifiés, mais vous avez été justifiés au nom du Seigneur Jésus-Christ, et par l'Esprit de notre Dieu."**

Cette horrible liste d'offenses englobe les adultères et les pervers sexuels. Par la foi en Christ, ils ne sont pas seulement pardonnés, ils sont justifiés, acquittés, reconnus justes de la propre justice de Dieu. Pour Dieu, c'est comme s'ils n'avaient jamais péché. Cela les libère certainement pour un nouveau départ dans chaque domaine de leur vie, y compris celui du mariage. Aucune ombre de culpabilité ou de condamnation de leur passé ne peut les suivre dans leur nouvelle vie.

Ceux qui remettent en question le droit à une telle repentance et à un nouveau départ dans la vie pour ces chrétiens risquent d'ignorer l'avertissement de Pierre dans Actes 10:15: **"Ce que Dieu a déclaré pur, ne le regarde pas comme souillé."**

Les cas dans lesquels les chrétiens sont confrontés au problème du divorce sont si nombreux et compliqués qu'il est impossible de tous les examiner en détail. En voici juste trois exemples:

Exemple N° 1: Deux divorcés non chrétiens se marient, ont des enfants puis se convertissent. Est-il juste de leur dire: "Vous vivez dans l'adultère. Vous devez rompre votre mariage, et soit retourner vers vos anciens conjoints ou demeurer célibataires"? Que va-t-il se passer pour les enfants?

Il est plus en accord avec l'esprit de l'Evangile de dire: "Dieu vous a donné un nouveau départ. Faites tout pour racheter les années perdues et veillez à ne pas retourner à vos anciennes voies."

Exemple N° 2: Deux personnes non chrétiennes se marient, puis divorcent, mais pas à cause d'une infidélité conjugale. Ensuite, le mari se remarie, et ainsi commet l'adultère selon les critères de l'Ecriture. Plus tard, la femme se convertit. Est-elle libre de se remarier du fait que son premier mari a commis l'adultère?

Exemple N° 3: Deux personnes non chrétiennes se marient, puis divorcent (comme pour l'exemple N° 2). Après le divorce, ils se perdent de vue. La femme ne sait pas si l'homme s'est remarié ou s'il vit avec une femme qui n'est pas son épouse.

Puis la femme se convertit. Est-elle libre de se remarier, ou doit-elle d'abord prouver que son premier mari a commis l'adultère? Que se passe-t-il si elle ne peut pas le joindre?

N'avons-nous pas tous besoin d'être attentifs à la façon dont nous jugeons ces cas (et d'autres qui leur ressemblent)? Le principe qui devrait nous guider est sûrement celui de Jacques 2:12-13: **"Parlez et agissez comme devant être jugés par une loi de liberté, car le jugement est sans miséricorde pour qui n'a pas fait miséricorde. La miséricorde triomphe du jugement."**

Ce qui est souligné plus haut couvre, bien que de façon succincte, certains des principaux aspects légaux du divorce lorsqu'il affecte les chrétiens. Les effets du divorce vont cependant bien plus loin que le domaine purement légal. Ils supposent presque invariablement des blessures émotionnelles profondes et même atroces.

Dans Esaïe 54:6, l'Eternel décrit une jeune femme qui a divorcé: **"... comme une femme délaissée et au cœur attristé, comme une épouse de la jeunesse qui a été répudiée."** Ce genre de souffrance n'est pas réservé aux femmes qui sont passées par le divorce. Les hommes souffrent souvent tout autant que les femmes.

Dans le passage d'Esaïe, l'Eternel définit la nature précise de la blessure: le rejet. Cependant, dans la grâce merveilleuse de Dieu, il offre un remède pour la guérir. Il est offert par le sacrifice de Jésus sur la croix, où il a enduré à notre place tous les maux que la rébellion avait amenés sur la race humaine. L'agonie finale qui a causé sa mort était le rejet.

Le prophète Esaïe décrit Jésus comme **"méprisé et abandonné des hommes, homme de douleur".** (Esaïe 53:3) Le dernier rejet ne fut cependant pas celui des hommes, mais celui de Dieu, son Père. Il l'a enduré parce qu'il s'était identifié au péché de l'humanité. En réponse, la justice de Dieu exigeait qu'il se détourne de son propre Fils et qu'il ferme ses oreilles à ses cris d'agonie.

Le dernier rejet du Père est décrit dans Matthieu 27:46: **"Vers la neuvième heure, Jésus s'écria d'une voix forte: Eli, Eli, lama sabachthani? c'est-à-dire: Mon Dieu, mon Dieu pourquoi m'as-tu abandonné?"** Pour la première fois dans l'histoire de l'univers, le Père n'a pas répondu aux cris de son Fils. La mort de Jésus qui a immédiatement suivi était plus due à cette agonie du rejet, qu'aux effets physiques de la crucifixion, qui n'auraient pas causé la mort si rapidement. Plus tard, Pilate ne comprenant pas l'effet du rejet, **"fut surpris d'entendre que Jésus était déjà mort"** (Marc 15:44).

Après le cri d'agonie de Jésus à son père, Matthieu continue: **"Jésus poussa de nouveau un grand cri et rendit l'esprit."** (verset 50)

Les souffrances de Jésus furent le prix payé pour obtenir la guérison de l'humanité. "C'est par ses meurtrissures que nous sommes guéris" (Esaïe 53:5). Cela comprend aussi la guérison de la blessure qu'est le rejet. Jésus a enduré le rejet pour nous afin que nous puissions à notre tour en être guéris.

Si vous avez expérimenté la blessure qu'est le rejet à cause de la dissolution de votre mariage, voici trois étapes simples grâce auxquelles vous pourrez recevoir la guérison.

Premièrement, reconnaissez que vous avez été blessé. N'essayez pas de le cacher. Ayez le désir de l'exposer au regard miséricordieux de votre Père céleste.

Deuxièmement, n'ayez foi pour votre guérison que dans le sacrifice de Jésus qui est mort à votre place. Prenez pour vous ces paroles d'Esaïe: "Par ses meurtrissures, je suis guéri." Chaque fois que vous commencez à souffrir, répétez ces paroles: "Par ses meurtrissures, je suis guéri." Répétez-les jusqu'à ce que la guérison devienne plus réelle que la douleur.

Troisièmement, abandonnez toute amertume et ressentiment contre votre ancien conjoint. Pardonner à l'autre dépend d'une décision et non d'une émotion. Vous n'avez pas à le sentir; vous devez le vouloir. Invoquez l'aide du Saint-Esprit pour prendre et maintenir la décision du pardon. Souvenez-vous que le pardon que vous avez reçu de Dieu est fonction du pardon que vous offrez aux autres. (Voir Matthieu 6:14-15)

Il m'est arrivé de conseiller une femme dont le mari lui avait fait subir une vie misérable durant quinze ans avant de l'abandonner, elle et ses enfants. Je la conseillai vivement de lui pardonner.

"Il a gâché quinze ans de ma vie, s'exclama-t-elle avec indignation, et vous me demandez de lui pardonner?"

"Et bien, si vous voulez qu'il gâche aussi le reste de votre vie, lui répondis-je, continuez à lui en vouloir." Je lui rappelai que celui qui a du ressentiment souffre plus que celui qui a commis l'offense.

Vu sous cet angle, le pardon envers celui qui vous a blessé n'est ni sentimental ni un signe de haute spiritualité. C'est simplement voir son propre intérêt.

Lorsque vous êtes passé par ces étapes, tournez le dos aux blessures du passé. Engagez de nouveau toute votre vie et votre avenir envers le Seigneur. Il a un plan pour votre vie qui ne peut être anéanti ni par la méchanceté des hommes, ni par celle des démons. Suivez l'exemple de Paul: **"Oubliant ce qui est en arrière et me portant vers ce qui est en avant, je cours vers le but, pour remporter le prix de la vocation céleste de Dieu en Jésus-Christ."** (Philippiens 3:13-14)

Laissez-moi vous dire que j'ai personnellement conseillé de nombreux divorcés qui, en suivant ces étapes, ont reçu la guérison de leurs blessures et une foi renouvelée pour une vie fructueuse et accomplie.

* * * * * * *

11. LA PLACE DU CELIBAT

Le mariage est le chemin normal de la vie à la fois pour les hommes et pour les femmes. Cependant, Dieu ne conduit pas tous ses enfants par le chemin normal. Pour le chrétien engagé, le but final de la vie sur terre n'est pas le mariage, mais c'est de faire la volonté de Dieu. Jésus a établi ce modèle une fois pour toutes dans Jean 4:34: **"Ma nourriture est de faire la volonté de celui qui m'a envoyé, et d'accomplir son œuvre."** Pour Jésus lui-même la volonté de Dieu ne comprenait pas le mariage durant sa vie dans la chair. Jésus attend plutôt le jour où il célébrera son mariage avec son épouse, l'Eglise.

En tant que chrétiens, nous devons nous souvenir continuellement que la perfection ne sera pas atteinte lors de notre vie terrestre. Nous ne pouvons nous enticher de quelque chose de purement temporel. L'apôtre Jean nous avertit: **"Et le monde passe, et sa convoitise aussi; mais celui qui fait la volonté de Dieu demeure éternellement."** (1 Jean 2:17) La plus grande satisfaction et l'accomplissement d'une vie n'ont qu'un fondement sûr et immuable: trouver et faire la volonté de Dieu.

Supposez que la volonté de Dieu pour votre vie ne comprenne pas le mariage. Supposez qu'il vous demande d'attendre, comme Jésus, les noces de l'Agneau. Que ferez-vous?

Peut-être est-ce une question que vous ne vous êtes jamais honnêtement posée. Vous avez simplement fait du mariage votre but et avez essayé de l'obtenir, mais sans succès jusqu'à maintenant. Vous dites: "J'ai prié et prié pour un mari (ou une femme), mais Dieu ne m'a pas répondu." Avez-vous oublié que le fait de dire "non", c'est aussi répondre?

En affrontant cette question, il est essentiel d'abandonner

vos propres plans et préjugés et d'ouvrir votre cœur à Dieu. Souvent, lorsque Dieu est prêt à nous parler, nous ne sommes pas disposés à écouter ce qu'il a à à nous dire. Dieu nous met au défi dans le Psaume 46:11: "*Tenez-vous tranquilles, et sachez...*" (Darby) auquel nous pouvons répondre par les paroles du Psaume 85:9 "*J'écouterai ce que dira Dieu, l'Eternel...*"

Cela demandera du temps, des sacrifices et une discipline personnelle pour arriver à cet état de calme intérieur dans lequel vous pouvez entendre Dieu parler. Cela peut vouloir dire passer moins de temps devant la télé ou au téléphone avec des amis, ou dans des engagements sociaux. Cela peut demander l'abandon des journaux ou des magazines et de passer des heures seul avec la Bible. Mais quel que soit le sacrifice, il n'y a pas d'alternative pour entendre la voix de Dieu. Le coût peut sembler élevé mais les bienfaits excèdent de loin le prix!

Vous pouvez être sûr d'une chose: si c'est le plan de Dieu pour vous de demeurer célibataire, vous ne trouverez jamais la paix véritable ou la satisfaction tant que vous chercherez à vous marier. Et si, après tout, vous arrivez à vous marier, vous ne résoudrez pas vos profondes frustrations intérieures. Au contraire, elles augmenteront probablement. Votre malheureux conjoint en sera certainement aussi victime.

Il se peut que vous ayez sincèrement cherché Dieu en ce qui concerne le mariage, et qu'il ne vous ait pas donné de réponse précise. Il ne vous a pas donné de conjoint, mais il ne vous a pas montré non plus que sa volonté était que vous restiez célibataire. S'il en est ainsi, vous devez suivre le conseil de David dans le Psaume 37:7-8: **"Garde le silence devant l'Eternel, et espère en lui... Ne t'irrite pas, ce serait mal faire."** Donnez-vous de tout votre cœur au Seigneur pour le servir dans votre état, et mettez votre avenir entre ses mains. Votre attitude de confiance tranquille vous permettra d'être ouvert à toute direction que le Seigneur essaiera de vous donner en chemin.

Il est important, pour chaque chrétien célibataire, d'affronter la question de savoir si le célibat est la volonté de Dieu pour sa vie. Une personne qui l'a envisagé a pour satisfaction une paix intérieure qui lui permet de discerner la volonté de Dieu dans d'autres domaines. A l'inverse, une personne dont l'esprit est occupé continuellement par des pensées de mariage, peut rater la direction de Dieu dans certains domaines et se tromper de voie.

Quelles sont les principales raisons pour lesquelles un chrétien peut demeurer célibataire? On peut les diviser en deux catégories: naturelles et spirituelles. Dans la plupart des cas, les raisons naturelles s'appliquent autant aux chrétiens qu'à ceux qui ne le sont pas. Elles viennent du fait que la vie d'une personne ou les circonstances se sont déroulées sans réelle intervention directe de Dieu. Les raisons spirituelles sont en revanche en relation avec un appel spécial de la part de Dieu ou d'un champ de mission.

Les raisons naturelles pour le célibat peuvent se subdiviser en trois catégories: physiques, psychologiques et sociologiques. Les raisons physiques sont en relation avec la façon dont son corps s'est développé. Les raisons psychologiques ont trait à la manière dont l'esprit et les émotions d'une personne se sont développés. Les raisons sociologiques se rapportent au genre de société dans laquelle une personne vit. Puisqu'il ne s'agit pas d'un manuel - médical, psychologique ou sociologique -, je n'essaierai pas d'analyser en détail ce type de problèmes.

Les chrétiens se débattant dans des problèmes personnels dans ces domaines feraient cependant bien de prier et de chercher l'avis d'un professionnel compétent. Si c'est possible, celui-ci devra être un chrétien engagé, ou du moins proche de l'éthique judéo-chrétienne traditionnelle.

Pour le moment, il suffit de jeter un coup d'œil à quelques exemples typiques de raisons naturelles au célibat. Dans le domaine physique, des cas évidents seront ceux de défauts congénitaux importants tels que le trisomie ou la paralysie cérébrale, ou ceux qui ont subi de sévères traumatismes comme les tétraplégiques. Puis il y a ceux dont les fonctions sexuelles ne se sont pas développées, ou tout du moins pas normalement. Dans la plupart des cas, mais certainement pas dans tous, le Seigneur peut montrer qu'il vaut mieux rester célibataire.

Dans le domaine des problèmes psychologiques, il y a ceux qui, en langage populaire, sont considérés comme "simples d'esprit". Certains seront probablement qualifiés d'attardés. Pratiquement chaque église, quelle que soit sa taille, en a au moins un. Souvent, ce sont les plus heureux et les plus aimants des membres. Il y a aussi ceux qui peuvent être considérés comme schizophrènes par les médecins, ou même psychotiques. Des profondeurs de leur lutte, ils manifestent parfois une finesse d'esprit et un zèle dignes de saints. Pourtant, pour eux et d'autres comme eux, le célibat semble souvent le plan du Seigneur.

Sociologiquement, il existe différentes situations qui peuvent expliquer le célibat. Un tel cas s'est produit dans la famille de Ruth. Sa grand-mère est morte jeune laissant six enfants. La plus jeune, une fille nommée Caroline, avait à peu près six ans. Quelque temps plus tard, le père de Caroline s'est remarié. Elle resta à la maison pour s'occuper de lui et de sa belle-mère. Quand elle eut quarante ans, son père est mort. Entre-temps, sa belle-mère était devenue invalide à cause de l'arthrose. Caroline sentit qu'il était de son devoir de continuer à s'occuper de sa belle-mère et elle le fit jusqu'à sa mort vingt ans plus tard. Caroline passa le reste de sa vie célibataire en ayant accompli fidèlement ses obligations bibliques envers ses parents.

Il y a également des communautés dans différentes parties du monde dans lesquelles le nombre d'hommes chrétiens est moins important que celui des femmes engagées du même âge. Dans une telle situation, beaucoup de femmes chrétiennes peuvent décider sagement qu'il vaut mieux demeurer célibataire et se donner de tout son cœur au service du Seigneur plutôt que de s'unir avec un homme qui n'est pas véritablement engagé spirituellement. De telles femmes célibataires consacrées sont une source de grande force spirituelle dans de nombreuses églises locales.

On peut être tenté de se demander: "Dieu ne peut-il pas guérir miraculeusement les gens ayant ces problèmes physiques et psychologiques que nous venons d'évoquer?" Il le peut certainement. En fait, j'ai vu de nombreuses personnes touchées et transformées par la puissance de Dieu, y compris des trisomiques, des paralysés, des schizophrènes, des psychotiques et d'autres atteints de paralysie cérébrale.

Mais parallèlement, je dois reconnaître que j'en ai vu un plus grand nombre n'ayant pas été guéri. Les mêmes prières avaient été faites tant pour ceux qui ont été guéris que pour les autres. Ce n'est pas une raison pour croire que ceux qui ont été guéris étaient en quelque sorte plus sanctifiés ou plus consacrés que ceux qui ne l'ont pas été.

Quelle en est l'explication? Pour ma part, je trouve suffisante la réponse de Deutéronome 29:29: **"Les choses cachées sont à l'Eternel, notre Dieu; les choses révélées sont à nous et à nos enfants, à perpétuité, afin que nous mettions en pratique toutes les paroles de cette loi."** La raison pour laquelle certains des enfants de Dieu, oui, même ses serviteurs les plus efficaces, ne sont pas guéris appartient au domaine des "choses cachées", des choses que Dieu ne juge pas bonnes de nous révéler pour le moment. J'ai appris à me soumettre à sa souveraineté et à dire comme Jésus lui-même: **"Oui, Père je te loue de ce que tu l'as voulu ainsi."** (Matthieu 11:26)

J'ai également appris, par l'expérience et par l'observation, la vérité de l'assurance de Dieu pour Paul: *"Ma grâce te suffit"* (2 Corinthiens 12:9). Quand ces paroles ont été prononcées, Paul était dans une situation de grave affliction et Dieu n'a pas voulu l'en délivrer. Au lieu de cela, il a pourvu à la grâce qui l'a rendu capable de triompher au milieu de l'affliction.

Dans de tels cas, la grâce de Dieu opère d'une ou de deux façons. Il peut nous délivrer de façon merveilleuse de l'affliction, ou il peut nous laisser dans l'affliction mais la changer en victoire. La façon dont la grâce de Dieu opère est différente pour chacun et est laissée à la souveraineté de sa volonté. Mais quelle que soit la façon dont Dieu choisit d'agir, sa grâce est toujours suffisante. On a exprimé cela ainsi: La volonté de Dieu ne me placera jamais là où la grâce de Dieu ne peut me maintenir.

Il serait faux de croire que les chrétiens qui souffrent d'une infirmité les empêchant de se marier n'atteignent jamais le genre de paix ou de bonheur dont jouissent les autres chrétiens. Aussi bizarre que cela puisse paraître, c'est souvent le contraire. De nombreux chrétiens handicapés ont, en quelque sorte, une plus grande sérénité et un contentement plus grand que les autres considérés comme "normaux". Le fait est que la véritable paix et l'accomplissement ne sont donnés qu'à ceux qui ont appris à s'incliner devant la souveraine volonté de Dieu que l'on soit en bonne santé ou infirme à vie. Souvent, ce genre d'abandon vient plus vite aux "handicapés" chrétiens qu'à ceux qui jouissent de leur pleine santé mentale et physique.

C'est également vrai pour des chrétiens qui, à cause des circonstances dans leur famille ou communauté, choisissent de ne pas se marier. Ils s'avèrent souvent plus heureux et portent plus de fruits pour le service de Dieu que certains chrétiens mariés qui les entourent.

Lorsque nous nous tournons vers les raisons spirituelles au célibat, le Nouveau Testament nous donne deux possibilités: la première vient d'une communication souveraine et surnaturelle de Dieu, la seconde, vient de la volonté humaine par un acte de sacrifice et de renoncement personnel.

L'exemple type de célibat communiqué de façon surnaturelle est celui de l'apôtre Paul. Voici comment il décrit la raison de sa condition de célibataire: **"Je voudrais que tous les hommes fussent comme moi** (c'est-à-dire, célibataire)**; mais chacun tient de Dieu un don particulier, l'un d'une manière, l'autre d'une autre."** (1 Corinthiens 7:7) Pour Paul, le célibat n'était pas un sacrifice. C'était un don de Dieu. Il était heureux de son état. Il aurait été malheureux marié.

Le mot grec traduit par "don" est "charisma". Le pluriel est "charismata". C'est l'origine du mot français moderne charismatique.

"Charisma" est l'un des concepts distinctifs du Nouveau Testament et un élément essentiel de sa révélation unique. Il est formé par la racine charis et de la syllabe finale "ma". "Charis" signifie beauté, faveur, grâce et se réfère particulièrement à la façon dont Dieu traite ceux qu'il accepte comme ses enfants à cause de leur foi en Jésus-Christ. En tant que telle, la grâce ne peut se gagner. Elle vient uniquement de la détermination libre et souveraine de Dieu.

L'addition de la syllabe finale "ma" fait passer du général au spécifique. "Charis" est "grâce" généralement sous toutes ses formes, tandis qu'un "charisma" est une forme unique et spécifique de la grâce donnée individuellement à un chrétien pour l'avancement du dessein souverain de Dieu dans sa vie.

Ces dernières années, le mouvement charismatique (comme on l'appelle) a apporté au peuple de Dieu du monde entier une nouvelle conscience de la place de "charismata" dans la vie chrétienne. L'un des effets principaux a été de confronter de nouveau l'Eglise avec la dimension surnaturelle de la chrétienté. On a particulièrement fait attention aux neuf "charismata" ou dons spirituels, énoncés dans 1 Corinthiens 12 8-10.

De nombreux chrétiens charismatiques ont l'impression que ce sont là tous les "charismata" disponibles. C'est loin d'être vrai. J'ai compté vingt-deux manifestations spécifiques de la grâce de Dieu dans le Nouveau Testament, toutes appelées "charismata". L'une d'entre elles, mentionnée par Paul dans 1

Corinthiens 7:7 est le célibat. Lorsque j'enseigne sur les dons charismatiques, je dois parfois avertir les chrétiens que s'ils demandent à Dieu un "charisma" sans être spécifique, ils peuvent être bénis par le charisme du célibat! La plupart d'entre eux ne sont pas conscients qu'il s'agisse réellement d'un charisme.

La simple analyse du mot "charisma" révèle deux faits importants sur la nature du célibat de Paul. Tout d'abord, c'était un don souverain de Dieu. Ce n'est pas quelque chose qu'il avait gagné ou pouvait gagner. Ce n'était pas non plus une décision qu'il avait prise. Dieu, dans sa sagesse incommensurable, accorda ce don à Paul. Paul, à son tour, le reçut et l'utilisa pour le but dans lequel Dieu le lui avait donné.

Ensuite, le célibat de Paul était sur un plan plus élevé que le plan naturel. Ce n'était pas une chose qu'il avait accomplie par ses propres efforts. Ce n'était pas le résultat, par exemple, d'un rigoureux ascétisme. Cela demandait certainement beaucoup de discipline personnelle pour garder ce don intact et l'utiliser dans le but divin. Mais aucune discipline personnelle à elle seule n'aurait pu produire le don en premier lieu. Il n'a pu être communiqué que de façon surnaturelle par Dieu.

Il est important de remarquer également que le célibat de Paul ne l'a pas coupé du corps de Christ, ou même des pressions et des défis de la vie dans ce monde. Il était continuellement avec les gens - à la fois avec le peuple de Dieu et les gens du monde. Paul lui-même a écrit, concernant les dons spirituels: **"Or, à chacun la manifestation de l'Esprit est donnée pour l'utilité commune."** (1 Corinthiens 12:7) Cela était vrai de son don du célibat. Ce n'était pas simplement un chemin étroit pour sa propre perfection spirituelle. Le but était de l'équiper de la façon la plus efficace pour construire le corps de Christ dans son ensemble.

Dans 1 Corinthiens 9:5-6, Paul oppose le ministère spécial qu'il avait en commun avec Barnabas par rapport à ceux des autres apôtres: **"N'avons-nous pas le droit de manger et de boire? N'avons-nous pas le droit de mener avec nous une sœur qui soit notre femme, comme font les autres apôtres, et les frères du Seigneur, et Céphas? Ou bien, est-ce que moi seul et Barnabas nous n'avons pas le droit de ne point travailler? "** Nous pouvons en tirer la conclusion que Barnabas, tout comme Paul, n'était pas marié. Cependant, ils représentaient clairement des exceptions parmi les apôtres. Les autres avaient des femmes qui voyageaient généralement avec eux pour le ministère.

Bien entendu, il existait une relation directe entre le célibat de Paul et les pressions et les exigences particulières du ministère que Dieu lui avait confié. C'était un outil essentiel pour ce qu'il devait faire. Si Paul avait été marié, l'un de ces deux résultats aurait immédiatement eu lieu: soit son mariage aurait été un désastre, soit il n'aurait pas accompli sa tâche.

Il est facile pour moi de croire que John Wesley avait un don similaire de Dieu, mais qu'il ne l'a pas perçu. Son mariage a peut-être été la seule faute majeure de sa vie. Cela l'a freiné plutôt qu'aidé dans son ministère, et ne semble pas lui avoir apporté de bonheur personnel ni d'accomplissement. Il est donc important, pour les serviteurs de Dieu, d'être capables de discerner le type particulier d'appel que requiert le don de célibat.

Dans Matthieu 19:12, Jésus se réfère à un autre genre de célibat qui a également sa place dans la vie chrétienne: **"Car il y a des eunuques qui le sont dès le ventre de leur mère; il y en a qui le sont devenus par les hommes; et il y en a qui se sont rendus tels eux-mêmes, à cause du royaume des cieux."**

Jésus décrit comme eunuques ceux qui sont incapables d'avoir des relations sexuelles normales. Il énonce trois causes différentes à cet état de fait: certains sont nés comme cela, certains le sont devenus par un acte humain (c'est-à-dire par castration), d'autres par une décision de leur propre volonté.

Ces derniers l'ont fait "à cause du royaume des cieux", c'est-à-dire afin de pouvoir se consacrer sans réserve au service du royaume de Dieu. Bien que ce terme soit normalement réservé aux mâles, il semble correct d'inclure dans cette catégorie des hommes et des femmes qui, à cause de Dieu et de son royaume, ont renoncé au mariage et se sont consacrés à des formes particulières de service chrétien dans un état de célibat. Evidemment, l'histoire de l'Eglise au cours des siècles a donné de nombreux exemples d'"eunuques" de ce type.

Les personnes appartenant à la troisième catégorie n'ont cependant pas été investies d'un charisme surnaturel de célibat. Cela est indiqué par le langage que Jésus utilise: ils se sont rendus eunuques. Leur état provient de leur propre décision et non d'un acte souverain de Dieu. De telles personnes, à l'inverse de Paul, auraient pu être heureuses en se mariant. Pour elles, le célibat représente un sacrifice de renoncement accompli et maintenu par la puissance de leur propre volonté.

Sur le plan spirituel, le célibat peut donc venir de deux façons: comme charisme souverain venant de Dieu, ou comme le résultat d'une décision de la volonté humaine. Quel que soit le cas, les résultats produits sont en rapport avec le mécanisme intérieur de la personnalité humaine.

Les différentes formes de motivation et d'expression, qui font partie d'une personne, pourraient se comparer à des fleuves venant tous d'un même lac. Si l'un des fleuves est endigué, un plus grand volume d'eau ira vers les autres fleuves. L'un des plus grands fleuves de la personnalité humaine est l'expression normale du sexe dans le mariage. Cependant dans la vie d'un chrétien, si le fleuve du sexe est endigué, un plus grand volume d'énergie spirituelle, intellectuelle et émotionnelle sera libéré pour d'autres formes d'expression - telles que l'intercession, le savoir, la création artistique ou le service envers les pauvres.

Ce qui est résumé avec justesse par Selwyn Hugues dans une analyse sur la place du sexe dans la vie chrétienne:

"L'abandon de la conduite sexuelle pour Dieu brise sa tyrannie et sa puissance. Alexis Carrel dit que les personnes qui accomplissent les plus grandes œuvres dans le monde sont des personnes normalement sexuées qui subordonnent le sexe à la finalité pour laquelle ils vivent. Dans le mariage, la conduite sexuelle doit être orientée à la procréation et au don du plaisir à l'autre partenaire. En dehors du mariage, la conduite sexuelle doit être sublimée et canalisée vers la créativité dans le royaume de Dieu. Souvenez-vous: ceux qui sont fortement sexués peuvent fortement servir."

Y a t-il une classe particulière de chrétiens qui doive toujours rester célibataire? Est-ce, par exemple, une condition pour tous ceux qui sont appelés au ministère pastoral? Le Nouveau Testament ne donne pas d'indication à ce propos. Il a déjà été dit que, parmi les apôtres, les seuls ayant ce don spécial étaient Paul et Barnabas. (On peut même se demander si Barnabas était inclus.)

Dans la liste des conditions pour devenir évêque, Paul affirme ceci: **"Il faut que l'évêque soit ... mari d'une seule femme ... il faut qu'il dirige bien sa propre maison, et qu'il tienne ses enfants dans la soumission et dans une parfaite honnêteté."** (1 Timothée 3:2, 4) Ainsi, loin de demander le célibat, Paul dit qu'un évêque doit être un homme marié et père de famille.

Ma propre expérience et mon observation au fil des années m'ont convaincu que c'est une condition sage et pratique. S'occupant de femmes seules et de couples mariés, un pasteur a souvent besoin de ce discernement spécifique que la femme peut apporter par son point de vue différent. Il a besoin de la protection d'une femme également dans des situations dans lesquelles il pourrait être exposé à des tentations d'ordre sexuel. Il n'est pas normal qu'un pasteur ait à passer beaucoup de temps seul avec des femmes, soit pour les conseiller soit pour prier. De nombreuses relations indésirables se sont développées à partir de telles situations.

C'est indubitablement pour l'une de ces raisons que le judaïsme demande au rabbin d'être marié. A cet égard, la position juive est plus proche de la Bible que le christianisme traditionnel qui exige le célibat de son clergé.

Le célibat a certainement une place spéciale dans le plan de Dieu pour ses serviteurs. Il peut venir soit comme un don de Dieu, soit par une décision prise dans la prière par un chrétien. Cependant, ce n'est pas une condition sine qua non pour tous les ministres de Dieu d'une certaine catégorie.

En ce qui concerne donc le mariage et le célibat, chaque personne appelée pour un quelconque ministère doit découvrir la volonté de Dieu pour sa propre vie.

* * * * * * *

L'HISTOIRE DE RUTH

12. RENDEZ-VOUS AU KING DAVID

Ma main tremblait, mon cœur bondissait tandis que je me tenais devant ma boîte postale à Jérusalem. Je déchirai le télégramme pour l'ouvrir: "Rendez-vous à l'hôtel King David à neuf heures le 20 septembre. Prince."

Je soupirai et lus de nouveau le télégramme. Derek Prince venait vraiment à Jérusalem pour le Yom Kippour (le jour du grand pardon - le jour le plus saint de l'an juif) et il voulait me voir!

Je me hâtai vers ma chambre, dans un hospice proche, et tombai sur mes genoux près du lit étroit, la Bible ouverte devant moi, le télégramme à côté. "Seigneur, est-ce que ça veut dire ce que je crois? priai-je. Calme les battements de mon cœur. Aide-moi à écouter ta voix, à m'attendre à ta direction."

Tandis que je m'attendais à lui, la paix commença à m'envahir - une calme assurance que Dieu me guidait dans le plan pour lequel il m'avait préparée.

D'autres questions m'assaillaient encore. Comment Derek Prince, que je considérais comme un grand homme de Dieu, pouvait-il s'approcher de moi, une femme divorcée? Que se passerait-il si j'imaginais des choses - si ce n'était pas le Seigneur qui me parlait tous ces derniers mois? Que se passerait-il si j'étais déçue? Si je laissais mes espoirs, libérais mes émotions et si j'étais encore blessée? Est-ce que j'oserais lui faire confiance? Ou à aucun homme?

Je me souviens si bien de cette nuit de 1965. Je me suis tournée et retournée dans mon lit en sanglotant. Mes espoirs et mes rêves de "vie heureuse pour toujours" fondaient sous mes yeux. Mon cœur était déchiré, mes sentiments confus. Je voulais espérer que cette nuit, je pourrais construire une nouvelle vie, trouver la satisfaction et l'épanouissement. Pourtant, la crainte m'envahissait - crainte de ne plus être aimée ni d'aimer à nouveau, de passer le reste de ma vie dans la solitude et l'isolement. Ou, même pire, finir avec un autre mariage brisé.

J'étais ce que l'Ecriture appelle *une femme délaissée et au cœur attristé, comme une épouse de la jeunesse qui a été répudiée.* (Esaïe 54:6) A l'âge de vingt-et-un ans, je me suis mariée avec un Juif. Je me suis convertie à sa religion, me détournant de mon propre héritage et de ma culture. Je me suis donnée sans restriction pour une relation qui, je l'espérais, durerait toute la vie. Je croyais que notre amour pouvait surmonter toutes les épreuves. Puis, au bout de treize ans, c'était fini. Je ne lui plaisais plus. Il ne voulait plus de moi. Il avait trouvé une autre femme. Notre mariage était terminé.

Finalement, mes sanglots se calmèrent et je m'endormis. A l'aube, je réalisai qu'une décision avait en quelque sorte été prise tandis que je dormais. Je cheminerai seule. Je ne me laisserai plus jamais devenir vulnérable aux émotions et aux actions d'une autre personne. Je garderai des relations superficielles. Je ne laisserai plus personne s'approcher suffisamment de moi pour me blesser encore de cette façon.

C'était en 1965. Nous étions en 1977, et je devais décider si j'allais oser avoir une autre relation intime. Comme j'étais une femme, je devais attendre que l'homme fasse le premier pas avant même de savoir si c'était possible. Ce télégramme semblait être un signe certain que Derek Prince faisait ce pas.

Je pouvais éviter le risque. Je n'avais qu'à ne pas répondre. La seule adresse qu'il avait était celle de ma boîte postale. Si je n'allais pas au King David, ce serait fini. Mais est-ce que cela plairait à Dieu? Oserai-je désobéir à la voix intérieure qui me disait: "C'est pour cela que je t'ai emmenée vivre à Jérusalem. C'est cela que j'ai préparé pour toi, pour toute ta vie."

J'attendis calmement jusqu'à ce que la paix vienne. Je savais que je pouvais me confier en mon Dieu qui s'était révélé à moi par Jésus, le Messie. Alors, je dis: "Seigneur, que ta volonté soit faite à ce sujet. Je ne sais pas ce qui m'attend, mais toi tu le sais et je te fais confiance."

Je n'ai pas toujours abordé les décisions de cette façon. Née dans une famille nombreuse pendant la dépression, dotée d'un bon esprit et d'une bonne santé, j'ai très tôt appris à penser pour moi-même, à prendre l'initiative et à me confier en mes capacités. Souvent, il m'est arrivé d'échouer, sans atteindre mes propres objectifs. Ma réponse était toujours la même: impose ta volonté, étudie davantage, travaille plus dur, fais mieux la prochaine fois. Parfois, j'étais presque submergée par les batailles émotionnelles que je ne pouvais vaincre par la puissance de ma volonté ou par une discipline personnelle. Mais il ne m'est jamais arrivé d'appeler Jésus au secours.

L'église luthérienne du Michigan, dans laquelle j'ai grandi, n'avait pas, d'une certaine façon, réussi à me communiquer la notion de relation personnelle avec Dieu. Nous avions beaucoup d'activités - école du dimanche, dîners d'église, classes de confirmation, groupes de jeunes. Mais je n'ai jamais compris la résurrection et j'étais souvent dans la confusion, car Jésus et Martin Luther semblaient avoir approximativement le même statut. Beaucoup plus tard, j'ai appris que mon plus jeune frère avait rencontré Jésus dans cette église; c'est donc probablement moi qui n'ai pas compris ce qui y était enseigné. En tout cas, je partis dès que ce fut possible en concluant que la religion n'avait rien à m'offrir.

Quelques années plus tard, tandis que j'étais sergent dans la marine nationale, je rencontrai et épousai un homme juif. Curieusement, alors que j'étudiais pour me convertir à sa religion, je découvris le Dieu que je n'avais jamais connu dans l'église luthérienne - non pas d'une façon personnelle, mais dans l'assurance qu'il y avait un Dieu qui s'occupait de l'univers et qui, pour des raisons qui lui étaient propres, avait posé ses mains sur le peuple juif. C'était au début des années cinquante, juste après l'holocauste, et je me battais pour comprendre l'appel unique du peuple juif - tant aimé de Dieu et qui pourtant souffrait plus que n'importe quel autre peuple de la terre.

Le rabbin me dit: "Etes-vous tout à fait sûre que vous voulez aller au bout de cette conversion? Ce n'est pas facile d'être juif. Personne ne vous comprend. Vous pouvez finir dans une chambre à gaz. Vous êtes déjà mariée. Personne ne vous jettera la pierre si vous n'allez pas plus loin dans votre conversion. Soyez tout à fait sûre!"

Ma réponse fut claire: j'avais trouvé plus de choses dans le judaïsme que ce que je croyais pouvoir trouver dans une religion. Ainsi, je pris le nom de Ruth, *fille d'Abraham*, et je devins une Juive conservatrice attentive. J'appris à réciter par cœur les prières juives pour le sabbat et les jours fériés juifs. J'appris à cuisiner les aliments pour les repas spéciaux, à préparer la maison pour les différentes fêtes. Je trouvais la sécurité et une mesure de paix dans le rituel, et encore davantage dans les liens étroits qui existaient entre les membres de la communauté juive.

Nous eûmes quatre enfants juifs par adoption, car je ne pouvais pas avoir d'enfant. L'un d'entre eux, une fille, est enterrée dans un cimetière juif de Portland en Oregon. Je l'ai trouvée un matin, morte dans son lit, victime de la mort subite du nourrisson. Quelque part, ma foi nouvelle m'aida à supporter le choc et la douleur.

Nous avons déménagé de nombreuses fois pendant les treize ans de notre mariage, chaque fois à cause du travail de mon mari. Notre ancre était soit la synagogue locale soit d'autres familles juives dans les villes trop petites pour avoir une synagogue. Nous semblions représenter une famille juive typique, prospère, active en politique et dans notre communauté locale, occupée par notre vie sociale. J'étais zélée pour l'éducation juive des enfants. Souvent, je les conduisais loin pour leurs leçons et j'essayais de les protéger des pressions de la société chrétienne prédominante.

Puis un jour, mon mari revint d'un voyage. Il déballa ses affaires et laissa les papiers qui étaient dans sa poche sur le buffet. Un reçu de motel attira mon attention. M. et Mme Baker. Choquée, je le pris. Mais il n'y avait pas d'erreur. Les choses commençaient à se mettre en place: les voyages "d'affaires" qui se prolongeaient le week-end, le peu d'intérêt pour les enfants, les critiques envers moi, me comparant à quelque critère inconnu. Mon mari avait trouvé une autre femme.

Lorsque je me remis du choc, j'allai voir une amie en qui j'avais confiance (elle avait quelques années de plus que moi) pour qu'elle me conseille. Son conseil était parfait: "Ne dis rien, va chez le coiffeur, achète-toi de la lingerie, fais ses repas préférés, reconquiers-le."

Durant plusieurs mois, je fis comme si je ne savais pas; je le recevais chaque fois qu'il rentrait à la maison les bras ouverts, le courtisant. Il aima beaucoup cela, mais son autre relation continua. Entre-temps, j'avais appris qui elle était. Le projet d'une mutation dans une autre ville me donna l'espoir jusqu'à ce qu'il me dise par hasard qu'elle aussi déménageait. Puis il me dit combien les enfants en étaient arrivés à l'aimer. C'était trop - lorsqu'il allait se promener sans moi avec les enfants, il l'invitait! Je consultai un avocat.

Les trois ans qui suivirent furent épouvantables. Toute notre vie s'écroula. Accédant à sa requête de ne pas divorcer sur la base de l'adultère à cause de sa carrière, je fus d'accord pour une séparation suivie d'un divorce ordinaire. Nous avons divisé la propriété, et les enfants et moi avons déménagé dans une vieille petite maison mais avec un bon voisinage. Je continuai mes études pour compléter ma formation.

Nos arrangements étaient amicaux et je ne me doutais pas que, quand il serait muté hors de l'état (donc hors de la juridiction de la cour), il cesserait de payer la pension alimentaire.

Il semblait donc que j'avais tout perdu en dehors de mes enfants. Je n'avais pas de mari, pas d'argent, pas d'espoir - et je devais maintenant engager une bataille légale. Alors, au prix d'un gros effort, je demandai un prêt étudiant, ravalai mon orgueil et trouvai un travail à mi-temps comme vendeuse de cosmétiques en porte-à-porte. Mon objectif était la possibilité d'avoir un salaire lorsque j'aurais fini mes études.

Mes enfants souffrirent encore davantage. Privés de père, ils avaient maintenant une mère qui était toujours trop occupée ou trop fatiguée. Souvent, la nuit, je les regardais dans leur lit et je pleurais intérieurement: "Pourquoi Dieu, pourquoi?" Ils avaient été de si beaux bébés. Nous les avions amenés à la maison avec tant d'espoir. Mais je ne pouvais pas être à la fois le père et la mère. Je ne pouvais même pas être la bonne mère que je voulais être. Alors, je continuais, jour après jour, faisant du mieux possible dans ces circonstances.

Puis survint une véritable catastrophe: je tombai malade. Le divorce venait juste d'être prononcé, la pension alimentaire était de nouveau payée, j'étais presque diplômée. Je crus que je pouvais me reposer un peu - et voilà ce qui m'arrivait! L'opération fut suivie d'une entorse, puis d'une terrible grippe. Ma situation semblait sans issue.

Alors, une après-midi que j'étais au lit, je criai au Dieu d'Abraham, d'Isaac et de Jacob: "Où es-tu Dieu? Ne te soucies-tu donc pas de moi? Je ne peux pas m'occuper de moi-même ni de mes enfants. Je ne peux plus continuer. Aide-moi!"

Soudain, toute l'atmosphère de ma chambre devint électrique. Il y avait une présence, puissante, réconfortante, pleine de paix. Jésus me guérit. Je savais que c'était Jésus. En tant que Juive, je ne croyais pas encore en Jésus - mais il m'a quand même guérie! Puis la présence s'en alla. Ma chambre était de nouveau comme à l'ordinaire. Hébétée, je m'allongeai quelques minutes, puis je me levai pour voir ma force. Lorsque les enfants revinrent de l'école, j'étais dans la cuisine à faire des gâteaux.

C'était merveilleux d'être de nouveau bien. Je me replongeai dans toutes mes activités, et je fus bientôt comme auparavant, occupée dix-huit heures par jour. Je ne voulais pas m'arrêter assez longtemps pour penser. Les implications de la révélation de Jésus étaient plus que ce que je pouvais affronter.

Je me vis comme une Ruth des temps modernes, totalement engagée envers le Dieu d'Israël et envers son peuple. Maintenant, je croyais en Jésus. Que pouvais-je faire? Mon expérience était la plus extraordinaire que j'aie jamais entendue. Je croyais être la première personne juive croyant en Jésus, le Messie. Je ne pensais pas que des Juifs, dans le monde entier, rencontraient personnellement le Messie ressuscité.

Tout ce que je savais, c'était que Jésus m'avait guérie et que je croyais en lui. Mais je ne pouvais pas en parler. Mes amis juifs auraient été offensés si j'avais mentionné le nom de Jésus dans ce contexte. Je refusai de lire le Nouveau Testament que m'avait donné une nouvelle amie, une chrétienne avec qui j'avais partagé mon histoire. J'avais peur de chercher plus loin la compréhension à cause de ma loyauté envers le judaïsme et le peuple juif.

Durant deux ans, je fuis Dieu. Je ne montrais pas de gratitude envers celui qui m'avait guérie. J'endurcissais mon cœur et je refusais de penser aux choses spirituelles. Je donnais toute mon énergie à l'éducation de mes enfants, au déroulement de ma carrière, à la poursuite de mes activités dans la communauté et au maintien de ma vie sociale. J'avais l'esprit occupé nuit et jour. Tout alla bien jusqu'en 1970. Puis, ma santé déclina de nouveau. On programma une opération de la vésicule biliaire. La douleur était atroce. Et j'avais peur. Je me souvenais de ma longue maladie deux ans auparavant et le soulagement lorsque Jésus m'avait guérie pour que je puisse reprendre une vie active. Je ne savais pas comment je pouvais espérer un deuxième miracle maintenant. Je n'avais pas accordé à Jésus autant de respect qu'à mon médecin, et je n'avais pas fait non plus d'efforts pour apprendre ce qu'il enseignait sur la façon de vivre en bonne santé. Combien j'en savais peu sur la miséricorde et la compassion de Dieu!

Le jour précédant l'opération, je lus le livre "Face up with a miracle" (Affronter un miracle) de Don Basham que m'avait donné un ami chrétien. Pour la première fois, je vis clairement le besoin d'un Sauveur - non pas seulement pour me guérir et pour que je puisse accomplir ce que j'avais prévu, mais pour me purifier de mes péchés et me donner une nouvelle vie dirigée par Dieu. Je vis en particulier mon besoin de la puissance du Saint-Esprit pour vivre cette vie - car je me rendais compte que je ne pourrais pas surmonter les obstacles par ma simple volonté et par un travail acharné. Mon corps cassé par la douleur me disait que je devais opérer un changement radical dans ma façon de vivre.

Là, dans la chambre d'hôpital, j'inclinai ma tête et je fermai les yeux. Jésus a dit: "*Je ne mettrai pas dehors celui qui vient à moi.*" (Jean 6:37) Simplement, humblement, je vins à lui. "Pardonne-moi de pécher contre toi, dis-je, de marcher dans mes propres voies. Viens dans mon cœur."

Et il le fit. Ce n'était ni compliqué, ni émotionnel, mais comme si j'avais passé un accord verbal avec Jésus et que nous nous soyons serrés la main pour le sceller.

Puis je dis à Jésus: "Si le baptême dans le Saint-Esprit est de toi, et que tu veux que je l'aie, je le veux."

Mon nouveau maître me prit au mot, et d'étranges syllabes commencèrent à venir sur mes lèvres. Dans un murmure, de crainte d'être entendue, je commençai à parler une nouvelle langue que je n'avais jamais apprise, un langage venu du ciel. C'était comme un courant bouillonnant. Tard dans la nuit, je continuais à murmurer les syllabes qui jaillissaient de moi. Elles semblaient couler de moi comme un ruisseau sur des pierres;

chaque note, chaque syllabe me rendait plus pure.

Le jour suivant, je fus opérée. Trois semaines plus tard, je retournais travailler. La guérison avait été rapide; mon rétablissement m'étonna. Pendant ce temps, j'avais commencé à lire la Bible avec une faim inconnue jusqu'alors. Après un commencement sans émotion, j'étais tombée amoureuse de Jésus. Rien ne me satisfaisait à part sa Parole, et la prière dans ma nouvelle langue.

J'avais désormais un autre problème. J'étais tiraillée entre les demandes de mon travail dans une organisation civique et ce nouvel amour qui augmentait chaque jour.

Une nuit, quatre mois plus tard, Jésus me fit faire un pas de plus. Il me dit clairement que je devais m'abandonner totalement à lui. Ce fut un combat. Ma volonté était forte et développée. Finalement, je sus que ma vie n'était pas une grande réussite. Il est vrai que j'avais obtenu mon diplôme du collège en élevant trois enfants et en travaillant à mi-temps. Il est vrai que mes perspectives de carrière étaient excellentes. Mais ma santé m'avait joué des tours deux fois en deux ans. Je trouvais de plus en plus difficile de m'occuper de mon fils adolescent. J'avais besoin de la paix intérieure que j'avais trouvée en Jésus. Il me semblait que je n'avais pas le choix.

Alors même que mon esprit me disait " Que se passera-t-il si...?", ma volonté céda. Dans ma chambre, le 21 février 1971, je dis au Seigneur: "J'ai quarante ans, je ne suis pas forte, je suis fatiguée, j'ai un mariage brisé, j'ai des enfants à problèmes - je ne sais pas ce que tu peux faire de moi. Mais quoi que tu puisses faire, je me donne à toi." Et il m'accepta.

Deux nuits plus tard, alors que je commençais à prier, Dieu me répondit. Je tombai presque du lit. Personne ne m'avait jamais dit que Dieu parlait à son peuple aujourd'hui. Encore une fois, je crus être la première personne à qui cela arrivait. C'était impressionnant. Je me demandais pourquoi j'avais été choisie pour une telle expérience. Durant vingt minutes, je lui posai des questions sur ma vie et il me répondit. Il me demanda en retour certains changements dans ma vie. Il me dit qu'il attendait l'obéissance et il m'indiqua qu'il me dirigerait tant que je demeurerais fidèle dans l'obéissance, quel que soit mon degré de compréhension.

La conversation continua jusqu'à ce que je pose une question sur quelqu'un d'autre. Il ne me réprimanda pas. Simplement, il ne répondit pas. J'appris vite cette leçon: ne te mêle pas dans les affaires des autres!

Dès le lendemain, je fus étonnée de ma nouvelle vie. Les doutes et les craintes étaient envolés. Je pouvais faire tous les changements que Dieu m'avait demandés avec l'assurance absolue qu'il se tenait derrière moi. Durant mes années de solitude, j'étais devenue très indépendante. Et là, en une nuit, j'avais découvert une nouvelle dépendance envers le Saint-Esprit. Je sus que je ne pouvais obéir au Seigneur que si j'entendais sa voix; une sainte crainte me poussait à le rechercher, de peur de chuter par manque d'attention. C'est seulement plus tard que j'ai découvert que j'avais reçu un don du Saint-Esprit: le don de la foi. Avec ce don, je pouvais sortir de la position où j'étais et m'attendre à Dieu pour qu'il me mette là où il voulait que je sois.

Au cours des mois qui suivirent, chaque jour fut une aventure, car j'apprenais à écouter la voix de Dieu et à agir avec obéissance. Il m'enseigna la flexibilité, à changer de direction en réponse au Saint-Esprit. Il me donna son amour, coulant de moi et à travers moi vers les autres.

Mon nouveau travail, en tant que gestionnaire de la main-d'œuvre pour l'état du Maryland, exigeait de nombreux voyages et ma voiture devint un sanctuaire ambulant. Jusqu'à ce jour, lorsque je monte dans une voiture, mon premier désir est de chanter. Le Seigneur me donna une voix pour le louer et remplit mon cœur avec un chant. Je chantais dans l'Esprit et je chantais avec mon intelligence. Je priais dans l'Esprit et je priais avec mon intelligence.

Ma communion avec Jésus était plus réelle que mes relations terrestres. Je le cherchais tous les jours, et il ne m'a jamais fait attendre. La joie de la communion avec lui était tellement supérieure à toute émotion terrestre que je suis incapable de la décrire ici. Je pense qu'on pourrait dire que c'était le temps de la cour avec mon fiancé céleste, un avant-goût de la vraie lune de miel qui commencera avec les noces de l'Agneau.

Au fur et à mesure que ma communion s'approfondissait, que j'apprenais à reconnaître plus clairement sa voix et que je répondais immédiatement à sa direction, Jésus me conduisit dans la prière d'intercession. Je commençais à lui parler naturellement des personnes et des situations me concernant, et il me montrait comment prier. Au début, j'étais surprise par les réponses claires aux prières; puis je réalisais qu'il aimait répondre aux prières de ceux qui remplissent ses conditions.

En faisant mes délices du Seigneur, comme le psalmiste nous exhorte à le faire dans le Psaume 37:4, il me remplit de plus en plus de lui. Il répondit aussi à mes besoins à travers les gens: il me donna des couples chrétiens mûrs pour amis, d'autres femmes célibataires avec qui prier, des jeunes hommes pour me donner un point de vue masculin sans engagement ni compromis émotionnel, un pasteur avec un réel cœur de berger, des enseignants oints (dont l'un était Derek Prince) à travers des livres, des cassettes, et des conférences. Ma vie était pleine.

Puis en 1974, lors de ma première visite à Jérusalem, Dieu m'appela en Israël. Le fardeau pour Israël m'était venu la première fois que j'avais lu la Bible, en lisant Esaïe et Jérémie. A ce moment-là, j'avais compris la naissance de l'Etat d'Israël et j'avais commencé à prier chaque jour pour que Dieu établisse Jérusalem et en fasse un objet de louange sur la terre (Esaïe 62:6-7). La guerre du Yom Kippour en 1973 avait déchiré mon cœur. Je voulais faire plus que prier. Je voulais aider.

Pourtant, je n'étais pas prête lorsque Dieu me parla clairement me disant de tout laisser et d'aller en Israël. Me souvenant de la nuit de 1971 durant laquelle je m'étais abandonnée à lui, je sus qu'il me conduirait seulement tant que j'obéirais à ce que je comprenais. Je pensais connaître sa voix. Pourtant, c'était un risque. C'était si éloigné de tout ce que j'avais pensé faire. Je me demandais encore: "*et si... et si...*"

Mais Dieu ne dit rien de plus. C'était une décision que je devais prendre. Finalement, je répondis: "Oui, Seigneur. Si c'est ce que tu veux, c'est ce que je veux." Je rentrai à la maison, cherchai le conseil de mon pasteur pour une confirmation, puis je me préparai à obéir.

C'était jusqu'à ce jour le plus grand test pour ma foi. Les préparatifs n'allèrent pas d'eux-mêmes. Mon ex-mari, qui s'était remarié et avait une nouvelle famille, apprit ma foi dans le Messie. Il mit tous les obstacles possibles lorsque je lui demandai son consentement pour emmener avec moi notre plus jeune fille, Erika, en Israël. Lorsque le départ fut retardé, l'ennemi fut là pour murmurer: "*Est-ce que le Seigneur a réellement dit...*" Je dus faire la distinction entre les problèmes naturels, l'opposition satanique et l'épreuve de Dieu pour tester ma résolution.

J'appris à connaître une nouvelle dimension de Jésus. J'avais abandonné mes biens, démissionné de mon travail et déménagé. Comme six mois plus tard je n'étais toujours pas partie, je sondais les Ecritures avec une ferveur renouvelée. La réponse vint de nombreux versets: *fais-moi confiance.*

Lorsque le test eut accompli ses desseins, Dieu nous emmena à Jérusalem. Ce fut un retour glorieux. Non seulement il nous avait amenées, Erika et moi, dans le pays de mes pères adoptifs, mais il avait prouvé sa fidélité. J'avais quarante-quatre ans, j'étais forte, en bonne santé et remplie de joie. Jésus avait tant fait pour moi en quatre ans. Il m'avait maintenant amenée dans sa ville - la cité du grand Roi! Comment aurais-je pu vouloir autre chose? Je faisais vraiment de lui mes délices.

Deux ans et demi plus tard, j'étais au lit dans ma maison de Jérusalem, car les médecins israéliens m'avaient ordonné le repos à cause d'une hernie discale qui me rendait invalide et qu'on ne pouvait soigner. Ma colonne, tordue depuis l'enfance, ne supportait plus mon corps. Des mois passèrent sans que je sois soulagée de cette constante douleur. Je ne quittais mon lit qu'une ou deux heures par jour, mais il n'y avait aucun signe d'amélioration.

Dans mes heures de liberté, une après-midi, je me mis à feuilleter le carnet sur lequel j'avais noté mes conversations avec le Seigneur. Voici ce qui était inscrit: le 4 novembre 1976, me demandant comment je pourrais plaire et servir davantage le Seigneur, j'avais renouvelé mon engagement envers lui. Sur une feuille blanche, j'avais fait un contrat reconnaissant ce qu'il avait fait pour moi à travers le sang de Jésus et combien il m'avait fait faire du chemin depuis ce jour de 1971 où je m'étais totalement abandonnée à lui. Pour ma part, j'affirmais que je m'étais donnée à lui sans réserve; et j'avais laissé le reste de la page en blanc afin qu'il le remplisse avec ses conditions. J'avais signé au bas de la page.

Je suis maintenant alitée. C'était un "état" que je n'avais pas prévu. J'avais cru qu'après m'avoir sauvée, il me garderait en bonne santé pour son service. J'étais maintenant impuissante, souffrant continuellement.

En revanche, ma communion avec lui était glorieuse. Dès le matin, très tôt jusque tard dans la nuit, je restais dans la présence de Jésus. A plat sur le dos, je pouvais tenir ma Bible juste assez longtemps pour lire de brefs passages. Durant ces mois, j'utilisais les cassettes enregistrées de la Bible jusqu'à les user. La guérison que j'attendais ne vint pas, mais la conversation intérieure avec lui et la douceur de sa présence était intacte.

Puis un jour, Derek Prince frappa à ma porte. Il était à Jérusalem, avait entendu parler de moi et il venait me proposer de prier pour la guérison de mon dos. J'étais confuse. Bien que me confiant depuis des années en l'amour de Jésus, j'eus du mal à croire qu'il m'envoyait un homme d'une telle stature à domicile pour prier pour moi.

Heureusement, je n'étais pas trop intimidée par Derek. Pendant vingt ans j'avais travaillé dans la politique américaine, et j'avais dans mes relations des sénateurs, des membres du Congrès et des gouverneurs. Comme la plupart des personnes de ma génération, j'avais un grand respect pour ceux qui avaient une position d'autorité, mais en même temps je pouvais me détendre et me conduire naturellement avec eux.

Je l'invitai à entrer, ainsi que le jeune homme qui était avec lui. Nous parlâmes ensemble d'abord de ma blessure, puis de Jérusalem. Je considérai Derek avec un intérêt réel et beaucoup de compassion. Il paraissait plus que ses soixante-deux ans. Son bras était plâtré, cassé lors d'une chute. Sa femme était décédée deux ans auparavant, et je pouvais encore voir le chagrin et la solitude se lire sur son visage. Il était difficile d'imaginer que c'était l'homme dynamique et fort que j'avais entendu prêcher si puissamment quelques années auparavant.

Il me proposa de prier pour moi. Je savais qu'il avait un ministère particulier pour "rallonger les jambes" lorsque l'une est plus courte que l'autre, car cela m'était arrivé dans une grande réunion en 1971. A cette époque, Derek n'avait pas pleinement compris le don de foi que Dieu lui avait donné, mais il m'expliquait que maintenant je devais "rester branchée" sur la puissance de Dieu qui accomplit des miracles en continuant à remercier Dieu de m'avoir touchée.

Tandis que Derek prenait mon pied dans sa main, il dit: "Ils sont parfaitement à niveau. Est-ce que quelqu'un a déjà prié pour vous de cette façon?" "Oui, lui répondis-je. Vous l'avez fait en 1971."

Il eut un petit rire. "J'ai fait du bon travail!" Il se tenait devant moi et il mit sa main sur mon épaule.

Puis, à mon grand étonnement, il commença à prophétiser. Le message était un encouragement de la part de Dieu me disant que j'étais un arbre dans sa plantation et que rien ne pourrait me déraciner. Ce qui me surprit, c'est que Dieu m'avait presque donné exactement les mêmes paroles une semaine auparavant, et je les avais notées sur mon carnet.

Sur le seuil, Derek se retourna et me dit: "Restez branchée! Continuez à remercier Dieu." Puis il ajouta: "Priez pour moi. Je vais à Munich, en Allemagne de l'Ouest la semaine prochaine pour des réunions. Ce n'est pas un endroit facile pour prêcher". Et il partit.

Je retournai au lit et je m'y étendis en remerciant Dieu. J'étais toujours confuse que Dieu l'ait envoyé. J'appréciais la gentillesse de Derek et sa sensibilité au Saint-Esprit. Plus que tout, j'appréciais le signe du Seigneur me montrant qu'il entendait mes prières et qu'il voulait me guérir.

Rien d'extraordinaire ne se produisit immédiatement. Lorsque la douleur devenait aiguë, je criais: "Merci Jésus, parce que ta puissance miraculeuse de guérison est à l'œuvre dans mon corps." Ma force demeurait minime. Je pouvais me laver et m'habiller seule, mais guère plus. J'accomplissais les exercices prescrits par le kinésithérapeute. J'allais parfois à la piscine, car mon dos affaibli était ainsi porté par l'eau.

Ma fille, alors âgée de dix-sept ans se préparait à rentrer aux Etats-Unis pour aller au lycée, mais hésitait à me quitter dans l'état où j'étais. Finalement, je me décidai à l'accompagner aux Etats-Unis et je pris mon billet pour retourner à Jérusalem le jour précédent Rosh Hashana, le nouvel an juif. La compagnie me fournit un fauteuil roulant à l'aller et au retour, et m'alloua gracieusement quatre sièges afin que je puisse rester allongée pendant le voyage.

Une semaine avant le départ, je reçus une surprise - une

lettre manuscrite de Derek Prince dans laquelle il faisait mention d'un groupe de Kansas City qui s'intéressait à Israël. Il m'invitait à rendre visite à ces personnes si j'allais aux Etats-Unis. "Comme il est gentil!", pensais-je. Il a vu mon besoin de repos et de récupération. Je ne pensais pas qu'il avait autre chose en tête. Il ne m'est jamais venu à l'idée qu'il puisse être un homme pouvant se remarier. Si cela avait été, j'aurais probablement réagi autrement.

Je n'avais pas envie de me marier. Ma communion avec Jésus me satisfaisait pleinement. Je vivais pour lui plaire. Durant ces mois d'inactivité, j'avais découvert que l'intercession était le service le plus efficace que je pouvais lui offrir. Chaque jour, je me rendais disponible pour prier - pour les personnes ou les situations qu'il mettait sur mon cœur. Je vis l'exaucement de nombreuses prières, en particulier celles concernant Israël. (D'autres sont en train de s'accomplir.)

J'écrivis un mot à Derek Prince pour le remercier, lui donnant un numéro de téléphone dans le Maryland où il pouvait me joindre et je m'arrangeai pour arriver à Kansas City le 20 août pour douze jours. J'étais à peine arrivée dans le Maryland qu'il me téléphonait! J'étais abasourdie. Il s'enquit de ma santé et me dit qu'il voulait me voir à Kansas City. Quelques jours plus tard, il me rappela. Il semblait si amical, si chaleureux. Je le connaissais comme un grand prédicateur ayant beaucoup d'autorité. Son côté humain me surprit.

Pendant ce temps, je commençais à devenir plus forte. Quelques amis m'emmenèrent dans un camping et m'installèrent dans leur camping-car, ainsi je pus être seule quelques jours, m'étendre au soleil, nager, et surtout chercher Dieu à propos de mon avenir. Je retournerais en Israël sans ma fille. Mes ressources financières étaient limitées. J'avais besoin de clarifier la volonté de Dieu.

Je quittai ce lieu de paix, assurée que ma responsabilité envers Dieu était de continuer à intercéder et qu'il m'avait déjà préparé les moyens pour y pourvoir. Je ne savais pas comment, mais j'étais en paix.

Tandis que mes amis me ramenaient chez eux, ils me dirent que Derek Prince avait rappelé. Que pouvait-il vouloir? Les modalités du voyage étaient parfaitement claires. Peut-être voulait-il annuler l'invitation? Mais quand je le rappelai, il me demanda simplement des nouvelles de ma santé. Je lui dis que je m'étais reposée et que j'avais nagé. "Etes-vous une bonne nageuse?", me demanda-t-il. Je lui répondis par l'affirmative, mais je pensai: "*Quelle drôle de question posée à une femme de la part d'un prédicateur!*"

Puis il dit: "J'ai téléphoné pour vous dire que mon avion arrivera à Kansas City cinq minutes après le vôtre. Je ne resterai que deux jours. Je dois partir en Afrique du Sud le 23 août.

Lorsque je descendis après notre coup de téléphone, mon amie me regarda d'un air interrogateur: "Es-tu libre de dire ce qu'il avait en tête?" "C'était étrange, lui répondis-je. Il semblait juste vouloir me connaître un peu mieux. Il m'a même demandé si j'étais bonne nageuse."

Elle me regarda. "Penses-tu qu'il y a quelque chose derrière tout ça?" Je baissais les yeux. "J'ai peur d'y penser."

Plusieurs fois les jours qui suivirent, je mis cela devant le Seigneur. Je ne pouvais pas comprendre pourquoi Derek Prince s'approchait de moi. Il avait dit qu'il recherchait la volonté de Dieu pour savoir s'il était temps pour lui de retourner à Jérusalem. Je me demandais si Dieu voulait qu'il utilise mes dons de secrétariat pour travailler avec lui là-bas, mais je n'étais pas en bonne condition pour travailler. Je n'avais rien à offrir à personne sur la terre. Tout ce que j'avais, c'était la capacité de prier, et je m'étais donnée au Seigneur pour cela.

J'avais lu le livre de Derek Prince "Façonner l'histoire par la prière et le jeûne", et j'avais entendu certains de ses messages sur la prière d'intercession. Peut-être que Dieu nous montrait que nous devions prier ensemble. Mais je ne voyais pas comment. Il y avait tant de choses obscures. Finalement, je les laissai au Seigneur et je partis pour Kansas City avec un esprit ouvert.

L'avion de Derek avait du retard, alors son ami m'installa avec Erika à l'arrière de sa voiture avec sa femme et retourna chercher Derek et ses bagages. Comme Derek se dirigeait à grands pas vers nous, il m'apparut de nouveau comme la personne dynamique et forte que j'avais vue aux conférences bibliques quelques années auparavant, il paraissait au moins dix ans de moins qu'à Jérusalem deux mois plus tôt.

Il monta à l'avant de la voiture, et il se tourna pour nous saluer; puis il eut pour moi un long regard scrutateur. Extérieurement, j'étais calme, intérieurement je tremblais. Mes questions intérieures au Seigneur n'apportaient qu'une réponse: "*Fais-moi confiance.*"

Erika et moi étions les invitées de la maison spacieuse de ses amis et Derek leur demanda de mettre un matelas par terre pour mon dos, afin que je puisse dormir. Son côté pratique et sa compréhension me surprirent. Plus tard, j'appris comment il s'était occupé de Lydia, qui était plus âgée que lui, dans ses dernières années. Il était différent de ce que j'avais imaginé.

Je le vis peu durant ces deux jours. Nous mangions avec la famille et nous n'eûmes qu'une conversation privée dans laquelle je lui demandais son avis sur une situation à Jérusalem. Il était très méthodique, et il me donna ses deux derniers livres et me les dédicaça - l'un *avec mes prières*, et l'autre *avec mon amour* (mentalement, j'ajoutai "*chrétien*" pour faire *amour chrétien*).

Le dernier soir, je m'assis à la droite de Derek pour le dîner. Lorsque je le regardais, je réalisais que je ne ressentais absolument rien. J'avais un grand respect pour lui en tant qu'homme de Dieu et enseignant biblique, mais je ne m'attendais pas à le revoir personnellement. Je me sentais honorée par les attentions qu'il avait envers moi, mais je supposais que cela en resterait là.

Le lendemain matin, comme il partait pour l'aéroport, il se tourna vers moi et me demanda: "Avez-vous décidé définitivement de retourner à Jérusalem?" Je lui dis que j'y serai pour Rosh Hashana. Il me dit qu'il avait prévu d'y aller pour le Yom Kippour, et peut-être qu'il me verrait. Puis ce fut tout.

Dans les dix jours qui suivirent, je nageai, je marchai et je fis mes exercices tout en ayant continuellement une conversation intérieure avec le Seigneur. Derrière la maison, il y avait un petit ruisseau avec un pont de bois. Je sortais la nuit et j'arpentais le pont au clair de lune, répandant les pensées de mon cœur devant le Seigneur. Je savais que je devais obéir aux Proverbes 4:23: *Garde ton cœur plus que toute autre chose, car de lui viennent les sources de la vie.*"

Je ne pouvais pas libérer mes émotions vers la crainte ou vers l'espoir. Il me semblait maintenant que Dieu me disait qu'il voulait que je devienne la femme de Derek, mais celui-ci ne m'avait montré aucune indication de ce genre d'intérêt - à l'exception de l'inscription sur le livre. Que j'entende ou non correctement, je devais décider ce que je ferais si c'était le cas. D'un côté, ce serait un grand honneur d'être la femme de Derek Prince - et de l'autre, une grande responsabilité. Si c'était là le plan de Dieu, alors il devait avoir l'intention de me guérir pour me rendre forte physiquement et spirituellement.

De nouveau, j'évaluai le prix. Mon dernier enfant quittait le nid. J'étais prête à jouir d'un degré de liberté personnelle que je n'avais pas connu depuis vingt-cinq ans, sans avoir de compte à rendre à personne. Le plus important, c'est que je ne désirais pas me remarier. Il y avait douze ans que mon mari m'avait abandonnée, sept ans que j'avais rencontré Jésus. Ma vie avec le Seigneur était remplie et satisfaisante. Pourtant... si Dieu voulait que je me marie, oserais-je refuser?

Puis survint un déluge de questions: pouvais-je risquer de laisser quelqu'un entrer dans mon cœur et dans ma vie? Encore plus effrayant: Serais-je capable d'être une bonne épouse? Que se passerait-il si je ne pouvais pas m'adapter à ses manières et à ses habitudes? Que se produirait-il si, après toutes ces années de solitude, je ne pouvais pas faire passer ses besoins avant les miens? Que faire si je ne pouvais pas être flexible? Je savais qu'il voyageait beaucoup. Que se passerait-il si je ne pouvais pas soutenir le rythme? Mon dos allait mieux, mais je n'étais pas encore bien. Qu'adviendrait-il de mon intimité? Ces moments de solitude que je chérissais tant avec le Seigneur? Et qu'adviendrait-il de la réputation de Derek Prince s'il épousait une femme divorcée?

Je n'avais pas de réponses claires à toutes mes questions. Il semblait que c'était une nouvelle "clause" du contrat: je devais abandonner ma propre volonté dans ce domaine et me confier en Dieu sans recevoir de réponse précise.

Avant de quitter Kansas City, je pus dire au Seigneur: "*Si Derek Prince me demande de l'épouser, je dirai oui.*" Je ne dis pas cela parce que j'aimais Derek Prince, mais parce que j'aimais le Seigneur et que je voulais lui plaire. Je "gardais", je protégeais mon cœur.

Quel temps glorieux ce fut pour moi à Jérusalem! Je logeais dans un hospice surplombant la vieille ville. Ma chambre avait un balcon où je passais de longues soirées. Mon nouvel abandon au Seigneur m'avait amenée à une plus grande intimité avec lui. La Bible était pour moi une lettre d'amour. Trois nuits entre Rosh Hashana et le Yom Kippour; je restais éveillée toute la nuit sur le balcon. Bizarrement, je n'avais pas du tout envie de dormir.

Comme mon dos allait mieux, je pouvais faire de longues promenades dans la ville tant aimée. Je continuais à remercier Jésus pour la puissance de sa guérison et pour sa présence.

Le jour où je devais rencontrer Derek à l'hôtel King David, je me levai tôt avec un chant sur les lèvres: "*Paix, paix, merveilleuse paix, venant du Père céleste...*" Je m'habillai soigneusement et quelques minutes avant neuf heures je parcourus la courte distance qui me séparait de l'hôtel King David.

Comme je franchissais la porte à tambour, Derek se leva et vint au devant de moi pour me saluer. Nous nous serrâmes les mains et allâmes au salon. Le petit déjeuner au King David est un buffet somptueux et nous fîmes plusieurs voyages pour essayer les différents mets délicats. Derek rit lorsqu'il me vit prendre des harengs marinés, m'expliquant qu'il n'aimait pas cela et qu'il n'avait jamais pu comprendre le goût qu'avait Lydia pour les poissons marinés. Il voyait que j'avais les mêmes goûts.

Nous discutâmes de son voyage en Afrique du Sud. Puis il sortit de sa poche une petite boîte. "Je t'ai ramené un souvenir d'Afrique du Sud."

Je l'ouvris. A l'intérieur, il y avait une magnifique broche en forme d'œil de tigre, sertie d'or. Ce n'était pas un petit souvenir. Il est sérieux, pensais-je en faisant attention à tout ce qu'il disait.

Sachant que j'allais souvent à la synagogue le jour du sabbat et les jours fériés, Derek me demanda si je voulais y aller ce soir pour le service de Kol Nidre. Nous allâmes à Hechal Shlomo, la principale synagogue de Jérusalem, et retînmes deux places. Comme nous allions vers la porte, nous regardâmes les billets: il y figurait le nom de Prince en hébreu.

"Je pense que tu dois y aller sous le nom de Mme Prince", dit Derek en riant.

Mon cœur manqua un battement. "*Que se passe-t-il?*" demandais-je au Seigneur. "*Comme cela va vite!*" Je ne reçus pas de réponse.

Comme nous abordions une pente raide, je m'aggrippai au bras de Derek pour me soutenir. Il ne me lâcha plus! Nous étions en train de marcher dans les rues de Jérusalem en plein jour bras dessus bras dessous! Dès que je pus, je dégageai discrètement mon bras. J'avais dit oui au Seigneur, mais je n'allais pas céder à un coup de foudre pour un homme, pas même Derek Prince!

Derek, cependant, ne me fit aucune allusion pour m'indiquer que notre rencontre se terminait. Quand nous atteignîmes de nouveau le King David il me demanda poliment si je voulais l'honorer de ma compagnie pour le reste de la journée. J'acquiesçai et nous trouvâmes des chaises à l'ombre au bord de la piscine.

"Parle-moi de toi, me dit-il tandis que nous nous asseyions. Qui étaient tes parents? A quoi ressemblait ta famille? Où es-tu allée à l'école? Je voudrais te connaître. N'oublie rien."

Dieu me donna une grande grâce. Je suis de nature honnête. Je vois les choses positivement, mais je ne déforme pas les faits et je ne cherche pas non plus à tromper. Ainsi, durant plusieurs heures, je lui racontai mon histoire. Il me posa des questions sur mon ex-mari, ma conversion au judaïsme, les raisons de mon divorce. Il était si facile de lui parler.

La matinée passa. Je lui expliquai que je suivais la pratique juive qui consiste à jeûner vingt-quatre heures pour le Yom Kippour, et Derek dit qu'il aimerait se joindre à moi. Bien que nous n'ayons plus très faim après le copieux petit déjeuner, nous décidâmes vers deux heures d'aller au restaurant afin de prendre des forces avant le jeûne.

Tandis que nous mangions, Derek continua à me presser de questions. Finalement, je lui dis: "Je ne peux plus parler. Les forces me manquent." "J'étais si intéressé par tout ce que tu as dit, s'excusa-t-il. Je n'ai pas réalisé que c'était dur pour toi. Je n'ai pas été très juste envers toi."

Puis il commença à me raconter ses luttes après la mort de Lydia, sa quête pour connaître la volonté de Dieu pour le reste de sa vie, son interrogation en ce qui concernait son retour à Jérusalem, la ville qu'il avait quittée en 1948.

Jusqu'à ce stade, notre conversation avait été amicale, mais quelque peu formelle. Maintenant, tandis qu'il parlait, les barrières se levaient et je réalisai qu'il me révélait ses plus intimes pensées. Plus important encore, il me révélait inconsciemment la profondeur de sa relation personnelle avec le Seigneur. Bien qu'il soit un dirigeant chrétien victorieux, avec une grande autorité spirituelle, il regardait au Seigneur pour avoir la force et la direction de la même façon que moi!

Puis Derek commença à me dire pourquoi il m'avait invitée, d'abord à Kansas City et maintenant au King David. Tandis qu'il décrivait sa dernière nuit à Jérusalem en juin, je posai ma fourchette et je le regardai. Bien qu'il soit extérieurement calme, sa voix avait une pointe d'excitation. Ses yeux étincelaient. Il décrivit la colline abrupte qu'il avait eue en vision, ainsi que la femme au pied de la colline.

"La femme, c'était toi, dit-il en conclusion, en me regardant. J'ai compris que Dieu me disait que si je devais retourner à Jérusalem, la première chose à faire serait de me marier avec toi!" Il s'arrêta, puis ajouta rapidement qu'il ne s'attendait pas à ce que je réponde à sa révélation, mais que je devais chercher le Seigneur par moi-même.

Je n'avais pas remarqué combien mon cœur s'emballait. Maintenant, il se calmait. Une paix intérieure complète vint. Tout se remit en place. Toutes les questions que je me posais - pourquoi Derek Prince s'intéressait à moi, pourquoi, entre toutes les femmes du monde, m'avait-il choisie, comment pouvait-il considérer une femme divorcée? - trouvaient maintenant une réponse.

Il attendait que je parle. Je dis simplement: "Maintenant, je comprends." "Que veux-tu dire?" s'exclama-t-il. Je baissai les yeux. "Je pensais que Dieu me disait que tu me demanderais en mariage, mais je ne pouvais pas comprendre pourquoi tu me choisissais. Tu ne me connaissais pas, tu ne savais rien de moi. Maintenant, je comprends. L'initiative vient de Dieu."

Puis je le regardai dans les yeux, et à ce moment-là je me mis à l'aimer.

Je ne pense pas que nous ayons terminé le déjeuner. Nous

nous assîmes dans l'entrée. Nous marchâmes dans le parc et nous nous assîmes sur un banc surplombant la vieille ville. Il me montra le diamant qu'il avait dans sa poche, enveloppé dans un morceau de papier blanc. Après être revenue dans ma chambre pour me reposer et me changer, nous prîmes une dernière tasse de thé avant le jeûne. Puis nous allâmes à la synagogue où nous fûmes séparés durant les trois heures que dura le service, moi dans la galerie des femmes, lui dans la salle principale avec les hommes. Il avait été très précis lorsque nous nous étions séparés, spécifiant l'endroit exact où nous devions nous retrouver à la fin du service.

Dans la galerie, je calmai mon cœur. J'avais été emportée par la marée toute la journée. Maintenant, je pouvais faire le point. Je fermai les yeux tandis que les mélodies et les phrases hébraïques m'envahissaient. Me relaxant dans la présence du Seigneur, je lui confiai de nouveau calmement ma vie pour accomplir ses desseins, et même, ajoutai-je, mariée à Derek Prince.

Le Yom Kippour est le jour le plus saint de l'an juif. Entre le Rosh Hashana et le Yom Kippour, même les Juifs non religieux cherchent généralement à se réconcilier avec leurs voisins et à faire de bonnes actions pour être sûrs que leur nom "soit inscrit dans le Livre de Vie" pour un an de plus.

Rien ne peut se comparer au Yom Kippour à Jérusalem. Tout le trafic cesse, sauf pour les quelques rares véhicules d'urgence. Il n'y a plus ni radio ni télévision. Toute la ville est silencieuse. On entend les chiens aboyer, les bébés pleurer. La circulation n'est plus là pour masquer les bruits. On peut même marcher au milieu de la rue.

En revenant de la synagogue, maintenant bras dessus bras dessous, Derek me dit: "Je dois encore te dire autre chose." Nous nous dirigeâmes vers un banc dans le parc au clair de lune, avec devant nous les murs de la vieille ville illuminés par les projecteurs.

Dans la sérénité de cette nuit du Yom Kippour, Derek me dit: "Comprends-tu que je ne suis pas libre de te demander en mariage maintenant?" Je secouai la tête. Je connaissais ses relations avec les autres enseignants. "Nous avons passé un accord pour ne pas prendre de décisions personnelles sans consulter les autres, me dit-il. Je ne pouvais rien leur dire tant que je ne savais pas ta réponse." Maintenant, je dois les consulter. Je serai avec eux à la fin du mois d'octobre."

Nous étions en septembre. C'était dans plus d'un mois! "Je prierai", lui répondis-je.

Puis, nous nous levâmes et nous commençâmes à nous diriger vers l'hospice. Derek me regarda tendrement. "Je crois que ça ira, "me dit-il. N'aie pas peur. Je crois que Dieu nous a clairement montré à tous deux sa volonté. Acceptons-la avec foi. Je ne peux pas t'offrir le petit déjeuner demain matin, mais je te donne rendez-vous à neuf heures et nous passerons la journée ensemble. Je pars de bonne heure après-demain."

Ce fut le début de notre relation; un jour de prière et de jeûne solennels. A la fin, nous nous engageâmes et nous remîmes nos avenirs au Seigneur, puis nous nous dîmes au revoir.

J'avais beaucoup d'amis à Jérusalem, mais aucun avec qui je puisse partager ce qui s'était passé lors du Yom Kippour. Comme cela avait été le cas pendant sept ans, Jésus était mon seul confident. Je répandis mon cœur devant lui, et m'attendis à son conseil.

Il n'y avait rien de mystique dans ma communion avec Jésus; c'était une douce conversation avec un ami intime. J'avais appris ces dernières années à m'attendre à lui pour diriger ma vie chaque jour - quand et où aller faire mes courses, quand téléphoner, quand commencer une tâche. L'obéissance dans ces affaires quotidiennes me donnait de la confiance pour les grandes décisions. Maintenant, après des mois de semi invalidité, j'étais encore plus dépendante de lui. Je cherchais son conseil pour tout.

Encore incapable de m'asseoir ou de rester debout longtemps, je ne pouvais pas travailler. Mais un virement important d'Europe m'assura que mon Père céleste veillait à ce que je ne manque de rien. Je reçus des cassettes des réunions de Derek en Afrique du Sud sur le combat spirituel qui éclairèrent de façon nouvelle mon rôle. Je priais.

Tandis que j'attendais que Derek rencontre les autres enseignants, nous parlâmes brièvement au téléphone à plusieurs reprises. Puis, au début du mois de novembre, j'entendis de nouveau sa voix - mais elle était brisée. La joie et l'exubérance l'avaient quitté. Il me dit qu'ils avaient dit non et qu'ils considéraient peu sage de continuer à avoir une relation avec moi.

D'une voix entrecoupée, il ajouta: "J'ai déjà mon billet pour venir à Jérusalem pour deux jours. Je viendrai te parler personnellement et te dire au revoir." Ce fut tout.

Je me jetai sur le sol devant le Seigneur et je pleurai. "Pourquoi, Seigneur? Pourquoi m'as-tu fait cela? Pourquoi m'as-tu donné tant d'amour et me l'as-tu retiré? Toi seul me satisfaisait. Je ne cherchais pas de mari. Pourquoi as-tu amené Derek dans ma vie pour me faire cela?"

De façon étonnante, comme ses bras se refermaient sur moi, Jésus me dit: "*Fais-moi confiance.*"

La véritable foi est toujours à la limite de l'incrédulité. Parfois, j'avais une totale confiance que la voie de Dieu était la meilleure; à d'autres moments, je doutais de son amour et criais pour avoir de nouveau un signe. Le 13 novembre, il me donna ce pour quoi j'avais prié et espéré: un miracle qui entérinait complètement ma guérison. Comme je louais le Seigneur dans une grande réunion publique, sa puissance descendit sur moi. La douleur quitta instantanément mon corps. Sa force entra en moi.

J'étais perdue dans l'adoration, dans la joie de sa présence.

Après des mois de douleurs incessantes, que seuls les médicaments allégeaient, ne plus avoir mal me faisait l'effet d'être libérée de mon corps!

Je redescendis sur terre par une tape sur mon épaule. Les responsables m'avaient vue depuis l'estrade, le visage rayonnant, et avaient envoyé quelqu'un pour savoir ce que Dieu était en train de faire. Pouvais-je venir et témoigner?

Transportée vers l'estrade par des muscles qui semblaient être de soie, je me tins devant le micro presque sans voix, et je pleurai. Tout l'auditorium était rempli de touristes - des étrangers, je pouvais voir des amis chers de Jérusalem qui avaient prié pour moi durant ces sept derniers longs mois. Leurs visages rayonnaient comme si on avait braqué sur eux des projecteurs. Je ne me souviens pas de ce que j'ai dit ou comment j'ai décrit ce qui est arrivé à ce moment-là, mais je les regardai et je leur dis: "Merci. Merci, mes amis, et merci Seigneur."

Plus tard, j'ai réalisé la merveilleuse sagesse du Seigneur. En m'appelant à partager le miracle, il m'a forcé à faire une confession publique. Je crois que cela a vraiment achevé ma guérison. Si je n'avais pas été appelée à témoigner, j'aurais perdu ma guérison dès la première apparition d'une nouvelle douleur.

Certaines personnes m'avaient dit durant ces longs mois: "Proclame ta guérison." Mais je ne pouvais pas. Maintenant, la guérison m'appartenait! Un élan occasionnel ne m'effrayait pas, car je savais que cela faisait partie du processus. Plus tard, les rayons X montrèrent que Dieu avait fait beaucoup plus que de guérir mon hernie discale: il avait renforcé ma colonne vertébrale. C'était comme si j'avais un nouveau dos!

Quatre jours après, je rencontrai Derek pour le petit déjeuner au King David. Son visage était blême, ses mains tremblaient. Je voulais le toucher pour le réconforter. Je priai silencieusement pour lui tandis qu'il parlait. Je ne pouvais rien faire d'autre.

Il ouvrit sa mallette et en sortit une lettre qu'il me donna, signée des quatre enseignants. "Tu comprends, dit-il, je me suis engagé à les consulter pour toutes les décisions importantes. C'est une décision importante. Je dois tenir mon engagement."

Il me donna son itinéraire pour les prochains mois, me demandant de prier pour lui lors de ses voyages pour son ministère. Puis, de façon surprenante, il sortit un pot de confiture fait maison que lui avait envoyé sa fille Anna. La voix intérieure me disait: "Tu as un ami."

La seule chose qui éclaira notre rencontre fut le récit de la guérison miraculeuse de mon dos. Derek était si reconnaissant envers Dieu. Il vit que Dieu prenait soin de moi. Puis il n'y eut plus rien à dire. Il me mit dans un taxi et me fit au revoir. C'était la fin du chapitre.

Que fait une femme dans une telle situation? Je m'affairais. Plus forte chaque jour, enfin capable de m'asseoir sur une chaise, je me réinscrivis à l'*ulpan* d'hébreu. Six jours par semaine je m'immergeais dans l'étude de la langue.

Je ne pouvais partager ma peine de cœur avec personne. Durant les nuits sans sommeil, je pleurais sur l'épaule de Jésus, puis je me levais et souriais tout le jour, me réjouissant de ma guérison. Je me fis de nouveaux amis dans les cours et je passais du temps avec mes vieux amis. J'essayais de ne pas trop penser ni anticiper.

Et je priais. Je passais des heures, des nuits, des semaines, priant, jeûnant, intercédant - non seulement pour Derek, mais aussi pour Israël et pour le peuple juif. Le président égyptien Sadat vint à Jérusalem le jour suivant le départ de Derek. A chaque coin de rue, les gens disaient: "Enfin, la paix!" C'était une période critique. Prier pour Israël m'empêchait de penser à moi.

Mais ce n'était pas facile. J'avais promis d'obéir au Seigneur quand j'entendais sa voix. J'avais ouvert mon cœur à Derek, car je croyais que c'était la volonté de Dieu. Jésus avait brisé la

184

coquille autour de mon cœur que je m'étais construite en 1965. C'est seulement maintenant que je réalisai combien j'étais devenue fragile.

J'avais deux possibilités: je pouvais endurcir mon cœur à nouveau et ne plus laisser personne m'approcher, ou je pouvais me confier en Jésus pour guérir mon cœur brisé comme il avait guéri mon dos malade.

Je fis mon choix. Proverbes 3:5-6 devint ma confession. Je décidai de faire confiance au Seigneur de tout mon cœur. Je n'essaierais pas de comprendre. Je le reconnaîtrais dans toutes mes voies. Je me confierais en lui pour diriger mes pas.

Tandis que je suivais l'itinéraire de Derek en priant, quelque chose d'étrange se passa: le désespoir me quitta et l'espoir revint. Il y aurait un autre chapitre. Une semaine me revient en particulier alors que Derek était à Adélaïde, en Australie. Un jour, tandis que j'étais en cours, les larmes commencèrent à rouler sur mon visage. Embarrassée, je m'excusais. Après m'être arrangée aux toilettes, je montai dans le bus pour rentrer à la maison. De nouveau, des larmes incontrôlées. Pleurant dans ma chambre, je commençai à prier en langues. Les heures passèrent, le fardeau ne me quittait pas.

Ce n'était pas un phénomène nouveau pour moi. J'avais expérimenté un tel travail dans l'Esprit de nombreuses fois en rapport avec Israël, que ce soit avant et après mon émigration. Je n'en connaissais la raison qu'après - un raid terroriste, une crise gouvernementale, le commencement de la guerre. Cette fois-ci, je savais que c'était en rapport avec Derek.

Trois jours plus tard, j'écrivis dans mon journal: "Loué soit Dieu! Adélaïde, c'est fini!" Je sentais que quelque chose s'était brisée dans le monde spirituel.

Un printemps précoce vint sur Jérusalem. Je déménageai dans un studio dans le centre ville. Puis un télégramme arriva: "Je viens à Jérusalem avec des luthériens. Rendez-vous au King David pour le petit déjeuner." C'était le chapitre suivant!

Lorsque nous nous rencontrâmes, je vis tout de suite que Derek avait aussi rencontré le Seigneur. Il y avait une nouvelle douceur dans sa voix, un nouveau brisement dans toute son attitude. Nous nous servîmes au buffet et discutâmes tandis que le serveur apportait notre thé. Puis, Derek en vint au sujet: "J'ai prié tout le temps à Adélaïde. Je crois que c'est bien la volonté de Dieu que nous nous mariions. T'as-t-il montré quelque chose?"

Je lui racontai mon expérience durant la semaine où il était à Adélaïde, et mon espoir inattendu et inexplicable. Nous nous émerveillâmes de l'œuvre du Saint-Esprit. Séparés par une grande distance, nous avions prié d'un même cœur.

Par la foi, croyant que Dieu accomplirait les choses, nous prîmes ce temps pour nous connaître mieux. Tandis que nous marchions dans Jérusalem, Derek fit des remarques enthousiastes sur ma force et mon agilité. Il m'avait rencontrée alors que j'étais invalide; j'étais maintenant active et pleine d'énergie. Nous allâmes ensemble à Jérusalem rendre visite à des responsables spirituels qui étaient des amis personnels. Je savais qu'il "m'épiait" pour voir comment je me comportais avec eux et leur attitude envers moi.

Un jour, nous rencontrâmes une dame d'un certain âge qui avait vécu dans la ville de nombreuses années, une admiratrice fervente de Derek. Embrassant la situation d'un coup d'œil, elle commença à prophétiser: "Dieu vous a observés. Vous avez été un mari exemplaire pour Lydia. Vous méritez le meilleur. Il vous a donné Ruth."

Derek la remercia, mais l'avertit que rien n'avait été fixé. "Mes lèvres sont scellées" dit-elle et elle s'en alla aussi soudainement qu'elle était apparue.

Lorsque Derek retourna aux Etats-Unis où il devait rencontrer de nouveau les autres enseignants, je retournai à mes études. Mais c'était le printemps. Mon cœur était léger. J'avais du mal à me concentrer. Puis Derek me téléphona; il jubilait.

Les autres enseignants avaient également prié et Dieu leur avait donné une perspective nouvelle. Derek viendrait en Israël en avril. Nous ferions nos projets. Il n'était pas encore prêt, me dit-il, pour déménager à Jérusalem, et il me demanda de quitter le pays pour un temps jusqu'à ce que Dieu lui dise clairement qu'il devait s'y établir.

Les retrouvailles avec Derek à l'aéroport Ben Gourion marquèrent le commencement d'une nouvelle phase de ma vie. J'avais été une juive anonyme vivant à Jérusalem. Maintenant, je me retrouvais sous les feux de la rampe dans le monde charismatique. Dès que nous eûmes annoncé nos fiançailles à un petit groupe d'amis proches de Derek, tous les participants au voyage fixèrent leur attention sur nous. Ils nous photographiaient partout où nous allions. Une femme se dirigea vers moi tandis que nous faisions la queue pour le déjeuner et me dit: "J'ai entendu dire que Derek Prince se remariait. Est-ce que vous êtes *elle*?" Je lui confirmai, en souriant, que, oui, j'étais *elle*.

Avant que Derek ne reparte aux Etats-Unis, nous allâmes à un point de vue surplombant Jérusalem. En contemplant la ville, nous réfléchissions sur tout ce que Dieu avait fait. Puis, nous priâmes: "Seigneur, installe-nous à Jérusalem à ta façon et en ton temps."

Je priais avec des émotions partagées. C'était une autre mort pour moi, un abandon de ma volonté. Jérusalem était bien plus que la ville dans laquelle je vivais; c'était la ville dans laquelle Dieu m'avait spécifiquement appelée, et mon amour pour elle venait de Dieu. Mais mon amour pour Derek venait aussi de Dieu. Je devais lui faire confiance pour agir en nous en son temps et à sa manière. Je comprenais clairement que l'épouse devait quitter sa maison et aller dans celle que lui avait préparée son époux.

Alors que c'était difficile de quitter Jérusalem, ce n'était pas un sacrifice d'être avec Derek. Bien que nous n'ayons passé que quelques jours ensemble, entrecoupés de périodes d'absence, le Saint-Esprit nous unissait de liens plus profonds. Abandonner notre relation et la laisser mourir nous avait conduits tous deux vers le Seigneur, nous rendant encore plus dépendants de lui. Comme nous avions touché le Seigneur dans notre brisement, nous étions encore plus l'un à l'autre maintenant. Nous chérissions chaque moment ensemble.

En juin, je quittai Jérusalem pour la Floride. Derek avait fait sertir le diamant d'Afrique du Sud en bague pour moi. (Nous l'appelons le "diamant de la foi", car Derek l'avait acheté par la foi pour une femme qu'il connaissait à peine.)

Notre mariage eut lieu durant la fête juive des Tabernacles et réunit les traditions juives et chrétiennes. Charles Simpson présida la cérémonie, et les autres docteurs nous imposèrent les mains et nous bénirent. Quelle glorieuse célébration! Nous retournâmes à Jérusalem pour notre lune de miel, et quelques mois plus tard pour étudier l'hébreu à l'université. Etre mariée à Derek et me trouver à Jérusalem semblait être un rêve merveilleux. Le Seigneur commença à nous conduire dans l'intercession ensemble, avec une puissance bien supérieure à nos prières individuelles.

Il était maintenant clair que toute ma vie j'avais été préparée pour être la femme de Derek. Derek est un ami du peuple juif et il s'est engagé pour la restauration de l'Etat d'Israël. Vingt-cinq ans plus tôt, Dieu m'avait conduite au judaïsme. Mon identification au peuple juif et ma compréhension de leurs coutumes et de leurs traditions sont pour lui des atouts incomparables.

Durant les années passées à Jérusalem, j'en suis venue à connaître la ville comme ma poche - ses boutiques, ses parcs, ses petites rues tranquilles. J'ai également appris beaucoup sur la culture du Moyen-Orient, si différente de celles d'Amérique ou d'Angleterre - sur la façon de penser juive, les coutumes, les points de vue, les pratiques en affaires. Derek, qui revenait dans une ville totalement changée après trente ans, me dit que Dieu lui avait donné un guide personnel!

Avant de venir à Jérusalem, je n'avais jamais quitté les Etats-Unis, bien que j'aie voyagé souvent près des frontières. Mes années passées dans cette ville cosmopolite m'ont aidé à me préparer à affronter les différentes situations et cultures que nous devions rencontrer dans nos voyages pour le ministère.

Je considère que ma première responsabilité est d'entourer Derek d'une atmosphère de calme et de paix, afin qu'il puisse exécuter tout ce que Dieu a mis en lui. Lydia avait investi tout son savoir spirituel, sa sagesse et son expérience en lui. Dans sa vieillesse, Derek prit soin d'elle. Maintenant, je m'investissais en lui - prenant soin de lui, le protégeant des interruptions inutiles et des distractions, l'aidant de toutes les façons possibles afin qu'il soit libre de chercher le Seigneur et qu'il puisse apporter un enseignement nouveau, oint, prophétique au corps de Christ. Cela est vrai, que nous soyons dans notre maison de Jérusalem, dans notre pied-à-terre en Floride, ou en voyage pour plusieurs mois. Cela demande différents talents acquis au cours de la vie.

Le plus important de tout, c'est que Dieu m'a conduite à travers la souffrance, la maladie, les épreuves, la peine de cœur, et une vie de prière et d'intercession - aussi difficile que ce soit pour une femme seule - vers une profonde dépendance envers le Saint-Esprit qui embrasse tous les domaines de ma vie. Cette dépendance me permet d'unir mes pensées et ma personnalité avec celles de Derek, sans mettre en danger l'intégrité de la mienne. Je pense comprendre ce qu'Adam a voulu dire quand il a dit qu'Eve était *l'os de mes os et la chair de ma chair* (Genèse 2:23). Je me confie dans le Saint-Esprit pour me montrer quand je dois être disponible pour Derek et quand je dois m'effacer, quand parler et quand me taire, quand me soumettre et quand exprimer mon point de vue, quand chercher son opinion et quand utiliser mon propre jugement.

Le don surnaturel de la foi que Dieu m'a accordé au commencement, allié à la confiance qui m'est venue après sept ans de marche avec lui, m'ont préparée aux importantes responsabilités que je dois assumer en tant que femme de Derek. "*Sans la foi, il est impossible de plaire à Dieu*" (Hébreux 11:6), et sans la foi il serait impossible d'être la femme de Derek.

Lorsque nous nous sommes mariés, il m'a pris en partenariat total dans DPM. C'était une œuvre modeste, qui faisait des cassettes et publiait ses livres, employant une douzaine de personnes. Depuis, l'expansion du ministère a été fantastique. On aurait dit que Dieu n'avait pas pu accomplir complètement son plan pour le ministère de Derek avant que je ne devienne son aide.

Trois mois après notre mariage, Derek commença son programme de radio "Aujourd'hui avec Derek Prince" *(Today with Derek Prince)*. En 1985, il faisait le tour du globe grâce à des traductions qui permettaient d'atteindre même la Chine communiste dans ses trois dialectes principaux: le mandarin, le cantonais et l'amoy. La version espagnole est diffusée dans toutes l'Amérique du Sud et en Amérique centrale, et nous préparons une traduction russe.[1]

Les publications de Derek, qui sont diffusées dans de nombreuses langues du monde occidental, sont envoyées gratuitement grâce à notre programme "Global outreach" pour ceux qui n'ont pas les moyens de payer. Les dirigeants chrétiens dans les zones lointaines du tiers monde et derrière le rideau de fer transmettent à leur tour l'enseignement à leur peuple dans leur propre langue. Des bureaux délocalisés de DPM se sont ouverts au Royaume-Uni, en Afrique du Sud, en Australie et en

---

[1] Le livre a été écrit en 1986. Depuis, ce programme existe non seulement en russe, mais aussi en arabe et plusieurs autres langues, couvrant la plus grande partie du globe.

Nouvelle-Zélande.[2]

Le petit courant est devenu un fleuve, le fleuve est devenu une mer; la mer devient un puissant océan. Dieu avait uni Derek et Lydia sous le même joug pour labourer et semer. Aujourd'hui, pour les dernières années de Derek, Dieu m'a unie à lui pour parfaire son plan pour la vie de Derek et partager avec lui la moisson.

Durant la cérémonie de notre mariage, Derek m'a donné son nom et a fait le voeu de partager librement tout ce que Dieu lui donnerait d'honneur, d'autorité et de possessions. Je tiens tout cela en grande estime, sachant qu'un jour je serai redevable devant Dieu pour tout ce qu'on m'a donné et confié. **"On demandera beaucoup à qui l'on a beaucoup donné, et on exigera davantage de celui à qui l'on a beaucoup confié."** (Luc. 12:48) J'ai la pleine assurance que je plais au Seigneur dans la façon dont je sers Derek et son ministère.

Et ma réponse confiante aux jeunes gens d'aujourd'hui, désirant ardemment se marier et qui doutent de l'amour de Dieu pour eux parce qu'ils n'ont pas de conjoint, vient du Psaume 37:4: **"Fais de l'Eternel tes délices, et il te donnera ce que ton cœur désire."**

* * * * * * *

---

[2] Depuis, plusieurs autres bureaux se sont installés ailleurs dans le monde. Voir la liste au début de ce livre.

Cessez de vous trouver des excuses et faîtes en sorte que votre désir d'étudier la parole de Dieu devienne une réalité !

Cours biblique par correspondance: 'Les fondations chrétiennes' par Derek Prince

La plupart des chrétiens ont un désir sincère d'une meilleure connaissance de la Bible. Ils savent qu'une étude suivie et approfondie de la parole de Dieu est indispensable pour mûrir et vivre une vie chrétienne efficace. Malheureusement, la plupart manquent aussi de discipline, de direction et de motivation pour réussir une telle étude. Par conséquent, ils passent à coté des nombreux avantages obtenus par la connaissance et l'application de la Parole. Afin de fournir une direction et une discipline systématique dans l'étude de la Bible, Derek Prince a développé le cours par correspondance 'Les fondations chrétiennes'. Cette étude par correspondance vous permet de travailler à votre propre rythme, tout en offrant l'avantage d'un contact direct avec un coordinateur biblique qui peut vous fournir une direction ou de l'aide. Le cours est conçu autour de techniques d'enseignements établies et efficaces et est méthodique, avec des fondements bibliques et pratiques. Si vous souhaitez obtenir une brochure gratuit vous donnant plus d'informations sur le cours et comment vous inscrire (Europe et DOM/TOM seulement), merci de contacter:

Derek Prince Ministries France, B.P 31, 34210 Olonzac
Tel 04 68 91 38 72, fax 04 68 91 38 63

Email: catherine@derekprince.fr